C. D0444393

Cantonese is one form or 'dialect' of the Chinese language. It is spoken in Kwangtung, the most south-easterly province of China, of which Canton is the capital. The word 'Canton' is a rather rough rendering by early European visitors of the name of the province, Kwangtung, the city itself being to the Chinese Kwangchow. This province has a population of some forty million, most of whom speak Cantonese as their mother tongue. There are other Chinese dialects in Kwangtung (Hakka, Hainanese and Ch'aochow) but most people who speak them can also speak and understand Cantonese.

Outside China Cantonese is by far the most widely-spoken form of the Chinese language. It is the most important form of Chinese in Cambodia, Malaysia and Vietnam, is understood in Singapore and Penang, and is the native speech not only of Hong Kong and Macao but also of the majority of Chinese residents in Britain, Europe and the United States.

TEACH YOURSELF BOOKS

CANTONESE

R. Bruce

TEACH YOURSELF BOOKS
Hodder and Stoughton

First printed 1970
Twelfth impression 1987

Copyright © 1970 edition
Hodder and Stoughton Ltd

ISBN 340 26438 1

Printed in Great Britain for
Hodder and Stoughton Educational
a division of Hodder and Stoughton Ltd,
Mill Road, Dunton Green, Sevenoaks, Kent
by Richard Clay Ltd, Bungay, Suffolk

This volume is available in the USA from:
Random House, Inc.
201 East 50th Street, New York, NY 10022
ISBN 0–679–10386–4 in USA

PREFACE

THREE people deserve my deep gratitude for their help in writing this book. First I must thank my wife for typing the manuscript, for the tedious and meticulous business of tone-marking and for compiling the vocabulary. Secondly, there is Mr. A. J. V. Fletcher, my most distinguished student at the Language School in Kuala Lumpur, who read the complete text and made corrections and improvements. My third collaborator was Mr. Edmund C. S. Kam who gave advice on idiomatic usage and put the dialogues into Chinese characters.

CONTENTS

CONTENTS

INTRODUCTION

The Cantonese Language

CANTONESE is one form or "dialect" of the Chinese language. It is spoken in the most south-easterly province of China, of which Canton is the capital. The word 'Canton' is a rather rough rendering by early European visitors of the name of the province, Kwangtung (Guangdong in Pin Yin, the official Chinese Government spelling), the city itself being to the Chinese Kwangchow (Guangzhou in Pin Yin spelling). The province of Kwangtung has a population of some fifty million, most of whom speak Cantonese as their mother tongue. There are other Chinese dialects in Kwangtung (Hakka, Hainanese and Ch'aochow) but most people who speak them can also speak and understand Cantonese.

Outside China Cantonese is by far the most widely-spoken form of the Chinese language. It is the native speech of Hong Kong (population 5 million) and of Macao. In Malaysia Cantonese is the most important form of Chinese among the 5 million people of Chinese race who live there. It is true that the Chinese of Singapore and Penang are mainly speakers of Hokkien but they also understand Cantonese. (Hokkien is the speech of Amoy and other places in south Fukien, the province adjoining Kwangtung to the north-east.) Cantonese dominates Chinese-speakers in Kuala Lumpur, Ipoh and Seremban. In Malaysia generally Cantonese has higher prestige and a wider currency than the other Chinese dialects. Most of the Chinese in Vietnam and Cambodia are Cantonese speakers. In Thailand they are few, the majority being Ch'aochow speakers. Their numbers are also small in the Philippines, Indonesia and Burma.

In Britain practically all the proprietors, waiters and cooks of the numerous Chinese restaurants are Cantonese speakers.

The same is true of a number of countries in western Europe. In the U.S.A. the Cantonese are by far the largest language community among the resident Chinese. This provides students in western countries with opportunities of hearing Cantonese from native speakers, an advantage much less available to students of Mandarin, the National Language of China.

Mandarin

The principal form or dialect of Chinese is Mandarin or Kuo-yü ('National Language')—or Potomghua (Common Language), as they call it in China. This is a form of Northern Chinese, particularly that spoken in the capital, Peking. Mandarin, with regional variations, is spoken over a very wide area of China, embracing about three-quarters of the population. Kuo-yü is the offical language for government and education, and modern Chinese is written in the National Language. However, it is estimated that there are more than 150 million people who speak dialects other than the northern form, most of them in the coastal region of south-east China, from Shanghai to the southern frontier, the provinces of Chekiang, Fukien and Kwangtung.

All Chinese dialects are basically very similar but they are not mutually intelligible. The south-eastern dialects, including Cantonese, have more complex sound systems than Mandarin. They retain many old features of the Chinese language which the northern speech has shed.

Written Chinese

This is a text-book for teaching yourself how to *speak* the Cantonese dialect of Chinese. There is a Chinese character version of the Dialogues but this is for a Cantonese-speaking Chinese to read aloud to you and give you the true sounds of the language. The characters in the Tone Drill are for the same purpose.

The written Chinese language is a much more formidable undertaking than the spoken. After a few months study of these lessons, only an hour a day, you should, with the opportunity of practice, be able to conduct simple conversations. It will take at least two years of *full-time* study to learn enough written Chinese to read the newspapers. Modern written Chinese is in the idiom of Mandarin. The Chinese version of the Dialogues in this book is exactly the same as the romanised form and thus contains vocabulary and usage which are not standard. However, students of written Chinese who are learning to speak Cantonese will find the character version of the Dialogues very useful.

The Sounds and Spelling of Cantonese

The real difficulty in learning to speak Cantonese, or any other form of Chinese, lies in the sounds. Chinese grammar is easy compared to any of the European languages. Nouns, pronouns and adjectives do not change according to number, gender or case. Verbs do not change according to tense or mood. In fact Chinese words do not change at all except for an occasional variation in the tone. In other words we have no problem like the German 'der', 'die', 'das' and the French 'le' and 'la', the English 'am', 'is', 'are' and the great complexities in the conjugation of regular and irregular verbs. In fact it is only the *tones* which are difficult for speakers of non-tonal languages. That is why it is *essential* for you to find a Cantonese-speaking Chinese, get him to read the Sound Tables and the Dialogues from the Chinese and imitate him with the greatest possible accuracy.

Chinese has far fewer sounds than English. For example there are no words with a group or cluster of consonants such as the first three letters of the word 'street'. No Chinese words end with f, l, s, sh, ch, r, or v. The comparative scarcity of sounds results in large numbers of words being very similar to each other or even exactly the same or differing only by the pitch of the voice, the Tones.

To write down, that is to spell, Cantonese words using the Roman alphabet we have tried to follow standard (R.P.) English pronunciation and spelling usage, bearing in mind, of course, that there are a great many inconsistencies in English spelling from the point of view of rendering the sound. Unlike English spelling this text spells consistently so that once you know the value or sound given to the letters or their combinations you should always pronounce them in that way. But the most infallible guide must be your ear, not your eye, and you must therefore *find your Cantonese speaker and record him if possible.*

In addition to the spelling there is the method of indicating the Tones. In this book we use marks above the vowels, each mark attempting to give a graphic or pictorial description of the tone it indicates. Thus the tone which is given in a high pitch and falls sharply is indicated by a grave accent, the middle rising tone is shown by an acute accent and so on. Even more than with the rendering of the a, b, c you must rely on a Cantonese-speaking Chinese for imitating and memorising words in their correct tone.

The faithful reproduction of vowel and consonant sounds and the tones is the one real problem of Chinese. By following the advice given in the next section, Method of Study, you can overcome this difficulty.

Method of Study

Here are nine rules to follow:

1. Acquaint yourself thoroughly with the sound values given to the letters of the alphabet and their combinations as shown in the section on Pronunciation. You will quickly become familiar with the system in reading the Lessons. When in doubt refer back to the table.

2. Repeat many, many times the Tone Table, from top to bottom, following the actual voice or a recording of a Cantonese speaker if at all possible.

3. Start reading Lesson 1 quite soon, even after your first reading of the Pronunciation and Tone Tables for practice in using these sounds as much as for the meaning of the material. Read it many times, particularly the Dialogues and the Drills. Before beginning a new lesson go through *all* the Dialogues of earlier Lessons from Lesson 1 up to the new Lesson. *Always* revert to the tables of sounds and tones before tackling new material at least for the first half dozen Lessons.

4. Read *aloud* and read *frequently* the Dialogues and Drills. You cannot do this too frequently. It may be a bore but it is the only way to acquire *fluency* and *accuracy*.

5. Study *every day*, preferably for an hour but even less if you cannot manage it. An hour *every day* is much better than three or four hours once or twice a week.

6. Aim at *fluency* not vocabulary. If you can *master* a fair number of basic patterns you can add vocabulary later. A lot of words are no use if you cannot use them.

7. *Control* your Tones. It is *unnatural* for speakers of languages like English to speak words with *fixed tones*. We constantly change or inflect the tones of words according to their position in a sentence or the emphasis we seek to use. With a few exceptions the Chinese tone remains unchanged. Therefore you must exercise vigilant *control* over the tone of each word you utter. This is difficult to begin with, much easier later. Mimic the native speaker.

8. *Practice in natural conversation.* Do this right away, even if you can only say 'Good morning'. Of course, you will be floored by the response of the Chinese speaker, all the more so if you say your little sentence perfectly as he will assume you have a good knowledge of the language. But

with real practice you will gain *confidence* after the initial set-backs.

9. *Do not translate.* As you read the Dialogues time after time you should look at the English side less and less. The Drills have no English, deliberately. The sections called More Practice are there to make you give responses to questions *in Cantonese* without the intervention of your own language.

Pronunciation

The letters of the Roman alphabet are used to render the sounds of Cantonese as follows:

Consonants

The following letters are pronounced as in English:

f h l m n s w y

The following, all used as initials, are pronounced differently from English usage:

b d g j

In English these letters are 'voiced'; the vocal chords vibrate when they are spoken. In Cantonese these letters are spoken without any 'voicing'. The 'unvoiced' equivalent of these letters in English are p, t, k and ch. If you close your ears and say the b, d, g and j sounds you will hear them buzzing in your head. Now say the p, t, k and ch sounds with your ears closed and you will scarcely hear anything; there were no vibrations of the vocal chords.

The Cantonese sounds which we indicate in this book by b, d, g and j are like neither of these sets of initials. They are not 'voiced' and, unlike the p, t, k and ch, they are not 'aspirated'. 'Aspiration' means the emission of a puff of breath after the initial letter. In English we have no 'unaspirated' initial p, t, k, and ch, but where the first three

—p, t and k—are preceded by an s the exact Cantonese sound is produced. Here are examples:

spin   sting   skin

If you say pin, tin and kin (and say them emphatically) you will notice that the p, t and k are followed by a puff of air whereas these letters when preceded by s emit no puff of air. They are 'unvoiced' and 'unaspirated'. Try to make these sounds by saying English words in which they occur, such as:

spy   sky   stye   spoon   stool   schooner
span   scan   stand   spot   Scot   stoat

Whenever you see in this book the letters b, d and g you must try to make the 'unvoiced', 'unaspirated' sound illustrated by these examples.

Why do we not use p, t and k to represent these sounds? Because this would tempt you to make an English p, t and k, i.e. 'aspirated' sounds which will distort the meaning completely. If you *do* make a 'voiced' b, d and g, as in English, this is a pity as it is not good Cantonese but at least the meaning will not be distorted and you will be understood.

And the letter j? This represents the same problem but the solution is different. The sound we want you to make is an unaspirated ch. This sound at the beginning of words in English is always aspirated, e.g. choose, cheese, church, etc. It is also aspirated when the final sound in such words as 'much', 'touch' and 'such'. The unvoiced, unaspirated sound represented in this book by j is found in the middle of words such as 'matching, 'catching', 'coaching', 'poaching'. All the j's in this book should have that sound, unvoiced and unaspirated. We have chosen j to render the sound for the same reason as we chose b, d and g; if you *do* make a voiced English j this will not be very good Cantonese but it will not distort the meaning.

Another initial consonant sound which does not occur in English is that represented by

ts

It is common as a final sound in English words, e.g. cats, rats, fits, hits, etc. It is just as easy to say in an initial position but you must be careful *not to aspirate*. Form the t, release no breath and follow with the s. There is no break between the t and the s, of course.

The following consonants as initials are pronounced as in English but with stronger aspiration:

p t k ch

The letters p, t and k also occur as finals. In these cases they differ from English as they are not exploded or aspirated. Take the three English words

sip sit sick

and notice that we say them with aspirated finals. It is easy to get the correct Chinese equivalent. In the first word, 'sip', the lips remain closed after saying it. In the case of 'sit' and 'sick' the letters are formed in the normal English way and then stopped short; no breath is emitted.

There is one other initial consonant sound which does not occur in that position in English, namely

ng

This sound occurs in English in the middle and at the end of words such as sing, ring, singing, ringing, etc. Some people find it hard to make this initial sound. Practice by saying the English words and dropping the sound before the ng. A good trick is to say 'Singing and dancing' and attach the second syllable of 'singing' to the word 'and' which follows.

To sum up:

All consonants are pronounced as in English except:

1. b, d, g, j which are unvoiced in Cantonese.
2. ts which is unaspirated and occurs as an initial sound.
3. p, t, k, ch which are more strongly aspirated than in English.
4. p, t, k which as finals are not aspirated.
5. ng which is pronounced as the equivalent middle sound in English.

Vowels

Almost all Cantonese vowel sounds are easy to English-speakers. Here is a list showing how vowels, singly and in groups, should be pronounced in this book.

a	as in 'father'; used alone, as an initial and a final.
aa	the same as 'a'; used between consonants. It is doubled to help you to avoid the English 'a' in words like 'man', 'fan'.
a	between consonants; a sound between 'a' in 'ban' and 'u' in 'bun'.
ai	as in 'high' but shorter.
aai	as in 'aisle'. Open your mouth.
au	as in 'how', 'cow'.
aau	as in 'how' but much longer. Open your mouth.
aw	as in 'awful'.
ay	as in 'say'.
e	as in 'send' but longer and more open.
ee	as in 'seen' or 'see'.
eong	the 'e' as in 'send' and the 'ong' as in 'song'.
i	as in 'sick'.
iu	no exact equivalent. Equals ee plus oo.

o	as in 'on', 'rock' when initial or middle letter.
	as in 'go', 'no' when final but a purer vowel than in English.
oo	as in 'too', 'zoo' or 'woo' when final and in words ending with 'ng' but not quite so long.
	as in 'look', 'book' in words ending in 'k'.
oei	as in French 'oeil' (eye).
ooi	as in slang 'hooey'.
oy	as in 'boy'.
u	as in 'sun', 'run'.
ue	as in French 'une'.
uh	no English equivalent; a sound between oo and u.

Pronunciation Practice

Repeat these sounds many times, if possible after a Cantonese-speaker (for whom the Chinese characters are given). The tones are not important at this stage.

Consonants

b, d, g	unvoiced, unaspirated initials like the p, t and k in 'spy', 'stye' and 'sky'.

baw 波 bing 兵 booi 杯 ba 把 baw 播 bay 比
bong 邦 beng 病 baak 白 baat 八 buk 北
daw 多 da 打 daai 大 doong 東 dong 當 ding 定
deen 電 dang 等 do 都 dee 哋 deng 釘 duk 德
go 高 ga 家 gay 械 ging 京 gong 江 goong 工
geen 見 geem 劍 geet 結 gaam 鑑 gaan 簡 gaw 個

j	unvoiced, unaspirated like the ch in 'coaching'

joong 中 ja 揸 jee 知 jaw 助 jun 鎮 jau 周
je 遮 jing 靜 jue 住 juen 轉 jaan 贊 jaam 站

ts	as in 'cats' but *unaspirated*.

tsai 仔 tsee 字 tso 做 tsoy 再 tsuk 側 tsaw 左

p, t, k, ch	all strongly aspirated.

pa 怕 pay 皮 peng 平 ping 乒 paang 朋 poon 潘
ting 停 taai 太 ta 他 tong 湯 toong 通 to 滔
king 傾 kay 企 kum 襟 kau 求 kung 窮
ching 清 chee 雌 che 車 choong 冲 cha 茶 cho 曹

p, t, k	as finals unexploded, unaspirated.

yat 一 laat 辣 baat 八 but 不 faat 法 gut 桔
yap 入 sup 十 hup 合 lup 立 deep 碟 ap 鴨
sik 食 lik 力 duk 得 baak 百 ook 屋 lok 落

ng	an initial, like the ng in 'singing'.

ngaw 我 ngaam 啱 ngai 僞 ngan 銀 ngon 岸

Vowels

English
or French
equivalent

a	father	a 亞 ma 媽 da 打 an 晏 ap 鴨
aa	father	saan 山 maan 萬 faan 番 daan 但 baan 班
ai	high	hai 係 lai 嚟 mai 米 tai 睇 gai 雞
aai	aisle	taai 太 faai 快 gaai 街 saai 晒 maai 買
au	cow	yau 有 gau 舊 jau 周 tau 頭 lau 樓
aau	cow, but longer	gaau 敎 baau 包 haau 校 ngaau 咬 kaau 靠
aw	awful	ngaw 我 faw 火 saw 梳 gaw 哥 jaw 佐
ay	say	lay 離 say 四 may 未 day 地 nay 你 fay 肥
e	send	meng 名 che 車 peng 平 leng 靚 ye 嘢
ee	see	teen 天 meen 面 see 詩 jee 知 nee 呢 seen 仙
i	sick	lik 力 sik 食 ming 明 ching 清 dik 的 tsik 直
iu	ee oo	yiu 要 miu 妙 giu 叫 siu 笑 tiu 跳 kiu 橋
o	on, rock	lok 落 gwok 國 on 安 ok 惡 bok 薄
o	go	ho 好 go 高 lo 路 mo 武 bo 保 so 蘇
oei	oeil	koei 佢 noei 女 hoei 去 soei 歲 choei 除

oo	too	woo 胡 foo 富 joong 中 loong 龍 toong 同
oo	look	dook 讀 look 六 fook 福 sook 叔 yook 沃
ooi	hooey	wooi 滙 pooi 配 booi 杯 mooi 妹
oy	boy	noy 耐 toy 胎 choy 呆 oy 愛 ngoy 外
u	sun	mun 蚊 sun 新 fun 芬 sup 濕 duk 得 but 不
ue	une	yue 魚 jue 住 shue 書 shuen 船 luen 亂
uh	—	suhn 信 luhn 論 yuhn 潤 chuhn 秦

The Tones

The word 'tong' when pronounced in a high falling pitch means 'soup', in a middle level pitch means 'to iron' and in a low falling pitch it means 'sugar'. This shows the importance of tones. There are seven tones in Cantonese but two can be and are used interchangably so that we can limit the number to six. Here they are. The symbols or marks seek to indicate the pitch and movement of each one.

1. High Falling. \ The grave accent slopes downwards.

We make a High Falling tone in English when we give an order sharply, for example in drilling soldiers: 'one! two! three!'. The tone with which this one is interchanged is the High Level which does not fall but maintains its high pitch.

2. Middle Rising. / The acute accent rises.

This tone starts in the normal or dominant pitch and then rises. When expressing surprise or doubt we often make a Middle Rising tone. Say 'Oh?' in this manner.

3. Middle Level. — The straight line is level.

Pronounced in normal pitch and maintained, neither rising nor falling.

4. Low Falling. \/ The \/ points downwards.

Pronounced in the lowest pitch with the voice falling as in a sigh.

5. Low Rising. ∪   Spoken in a low pitch, falling and then
   The ∪ goes   rising.
   down and up.
6. Low Level. =   Spoken in a low pitch, maintained,
   The double   neither rising nor falling.
   line is level.

Here is a chart showing the relative pitch and movement of the tones.

		High falling	Middle rising	Middle level	Low falling	Low rising	Low level
High	1	Ho		o			
	2	o		o			
	3	o	o				
Middle	4	o	Ho	Ho–o–o		o	
	5					Ho o	
	6					o	
Low	7						Ho–o–o
	8				Ho		
	9					o	

Here is the six-tone table. Read aloud from top to bottom. Read many times until you have fixed them in your memory like a little jingle or tune. Get a Cantonese speaker to read the columns of characters downwards. Record him if possible. Speak each word loudly and clearly. Once you have memorised the six-tone table perfectly you will have the measuring-rod for the tones of all the words you use.

Table 1

High Falling	sèe 司	fùn 分	wài 威	yèe 衣
Middle Rising	sée 史	fún 粉	wái 委	yée 椅
Middle Level	sēe 試	fūn 訓	wāi 畏	yēe 意
Low Falling	sĕe 時	fŭn 焚	wăi 爲	yĕe 而
Low Rising	sĕe 市	fŭn 奮	wăi 偉	yĕe 以
Low Level	sēe 事	fūn 份	wāi 謂	yēe 易

Words ending in p, t, k are always spoken in level tones. Read aloud the following Table from left to right and from top to bottom.

Table 2

High Level	dùk 得	fùt 忽	kùp 級
Middle Level	gwōk 國	fāat 法	dāap 答
Low Level	dūk 特	fūt 佛	yāp 入

We have, of course, given the High Falling mark to the three High Level words in this table. The sound is a high, abrupt or clipped tone, often rendered when we use the slang for 'yes'—yup!, spoken with emphasis. The Middle Level words are usually longer, more drawn out, before they come to their abrupt ending with unexploded p, t, k. The Lower Level is a very short, abrupt sound spoken in the lowest pitch.

After memorising the six tones and the symbols which indicate them, try reading Lesson 1 for tone practice. Read each sentence slowly at first, then at natural speed. Correct pronunciation in the first lessons is vital.

Variant Tones

Some words are frequently spoken in a tone other than their original tone. When this occurs we call it a Variant Tone. The commonest and therefore the most important change is that from Middle Level, Low Level and Low Falling to Middle Rising. In these cases the word is marked with its original tone and an asterisk. A succession of High Fallings will change to High Level in the words after the first but this need not be indicated because the change is automatic and in any case High Falling and High Level are frequently interchanged. It is because of this last point that we have not devised a special symbol for the High Level. One or two other tone changes occur but they are

infrequent and need not bother the student in this introduc-
tion to Cantonese. You must, however, take note of the
asterisk and render all words marked in this way as Middle
Rising tones.

GREETINGS

1. Wŏng sèen-sàang, tsó sŭn.	Good morning, Mr. Wong.
2. Hăw sèen-sàang, tsó sŭn. Gáy hó mā?	Good morning, Mr. Haw. How are you?
3. Gáy hó, năy nè? Năy sĭk-jáw fāan māy?	Quite well, and you? Have you had your meal yet?
4. Sĭk-jáw, m̆-gòy. Năy nè?	Yes, thank you. Have you?
5. Ngăw sĭk-jáw, m̆-gòy.	Yes, thank you.
6. Nèe-wāi* hāi Lăy sèen-sàang. Kŏei hāi hŏk-sàang.	This gentleman is Mr. Lee. He is a student.
7. Lăy sèen-sàang, năy hāi m̆-hāi Yìng-gwōk-yăn?	Are you an Englishman, Mr. Lee?
8. Hāi, ngăw hāi Yìng-gwōk-yăn.	Yes, I am English.
9. Lăy sèen-sàang hāi hŏk-sàang. Năy hōk mùt-yĕ?	You are a student, Mr. Lee. What are you studying?
10. Ngăw hōk góng-Gwóng-dòong-wā*.	I am learning to speak Cantonese.
11. Lăy sèen-sàang sĭk-jáw fāan māy?	Have you had your meal yet, Mr. Lee?
12. Sĭk-jáw, m̆-gòy.	Yes, thank you.

Vocabulary

1. dāi-   prefix to make ordinal numbers.
2. yàt   one; 'dāi-yàt' first.

3. fāw   lesson.
4. Wŏng   a surname.
5. sèen-sàang   Mr.; teacher.
6. tsó sŭn   good morning.
7. Hăw   a surname.
8. gáy   quite, fairly; how?
9. hó   good, well.
10. mā   a question particle.
11. năy   you (singular).
12. sīk   to eat.
13. -jáw   verb suffix to make past tense.
14. fāan   cooked rice, food, a meal.
15. māy   not yet.
16. m̀-gòy   thank you, please. (*lit.* 'not ought').
17. ngăw   I, me.
18. nèe-   this.
19. wāi*   polite classifier for person.
20. hāi   is, are; yes.
21. Lăy   a surname.
22. kŏei   he, she.
23. hōk-sàang   a student.
24. m̀   the negative particle.
25. Yìng-gwōk   England.
26. yăn   man, person, classifier 'gāw'.
27. hōk   to learn, to study.
28. mùt-yĕ?   what?
29. góng   to speak, to talk.
30. Gwóng-dòong   the Chinese province of Kwangtung.
31. wā*   language, to say, to speak. Gwóng-dòong-wā*
    Cantonese.

Notes

1. *Each Lesson is Numbered.* The ordinal numbers 'first', 'second', 'third', etc., are formed by putting the prefix 'dāi' before the number. Thus: 'dāi-yàt fāw'—'first lesson'.

2. *Sentence 1 and Others*. In Chinese the title comes after the surname. 'Sèen-sàang' literally means 'first born' and is a fairly close equivalent to 'Mr.'. It can also mean 'teacher', male or female.

3. *Questions*. Five question forms are introduced, namely:

(a) With final particle 'mā?'.
      Examples: Gáy hó mā?
                     Năy hāi hōk-sàang mā?
                     Năy hāi Yìng-gwōk-yăn mā?
Questions of this kind expect the answer 'yes'.

(b) With final particle 'nè?'.
      Examples: Năy nè?
                     Lăy sèen-sàang nè?

A statement has already been made about someone, as in Sentence 2, and now the matter is raised in regard to another person. Thus, in the two examples: 'And what about you?' and 'And Mr. Lee, what about him?'.

(c) 'Yet' questions ending with 'māy'.
      Examples: Năy sīk-jáw fāan māy?
                     Kŏei sīk-jáw fāan māy?

This type of question is a little difficult for Lesson 1 but it is introduced here as the greeting which uses it is so common. 'Māy' in a statement means 'not yet' but in its question position after a verb in the past tense it contains the meaning 'or have you not yet?'. The example has thus the implied form 'You have eaten your rice or you have not eaten?'. It is, therefore, much the same in structure as the next type of question.

(d) 'Yes or no' questions.
      Examples: Năy hāi m̀-hāi Yìng-gwōk-yăn?
                     Kŏei hāi m̀-hāi hōk-sàang?

We will find that the same simple form is found with adjectives and adverbs as well as with verbs.

(e) 'What?' questions.
   Examples: Năy hōk mùt-yĕ?
   Kŏei sīk mùt-yĕ?

Unlike English the 'what?' word comes at the end of the sentence but it is a very simple form.

4. *Classifiers.* Almost all Chinese nouns have Classifiers. 'Head' of cattle, 'flock' of sheep are rough equivalents to classifiers but in European languages there is no real parallel. In the dead 'language' Pidgin English which used to exist in commerce on the coast of China a classifier was invented serving all nouns, thus 'one piece man', 'one piece table', 'one piece book', etc. Some Chinese classifiers indicate the shape of the object which they classify. In a language where many nouns have the same or similar sound this is a great help in distinguishing meaning.

In Sentence 6 we have our first Classifier, 'wāi*' a polite one for persons. The common one is 'gāw', giving 'nèe-gāw hōk-sàang' (this student) and 'yàt gāw hōk-sàang' (one student).

5. *Transliterations.* There are very few 'loan' words from other languages in Chinese. When a foreign personal or place name is rendered it does, of course, follow the original sound in some manner as in Sentence 7 with the word for England—'Yìng-gwōk', the first syllable being an attempt at the 'eng' sound followed by the word for country or nation. The words chosen in these cases usually have a complimentary meaning, thus:
   Yìng-gwōk means 'hero country'.
   Măy-gwōk, the word for America, means 'beautiful country'.

Fāat-gwōk, France, means 'law country'. (In Mandarin Fa-guo, 'fa' being the first syllable of France with the awkward 'r' omitted.

China herself is 'Jòong-gwōk', the 'Middle Country'.

6. *Variant Tones.* There are two examples in this Lesson, 'wāi*' in nèe-wāi*' in Sentence 6, and 'wā*' in Sentence 10. Here, as in most cases, the tone goes from Low Level to Middle Rising. This is an awkward complication of a difficult problem for the learner of Chinese but you must try hard to overcome it.

Drill

I. Statements with 'hāi', the verb 'to be'.

1. Ngǎw hāi Yìng-gwōk yǎn.
2. Lǎy sèen-sàang hāi Yìng-gwōk yǎn.
3. Hŏk-sàang hāi Yìng-gwōk yǎn.
4. Wŏng sèen-sàang hāi Gwóng-dòong yǎn.
5. Hǎw sèen-sàang hāi Gwóng-dòong yǎn.
6. Wŏng sèen-sàang hāi sèen-sàang.
7. Kŏei hāi hŏk-sàang.
8. Nǎy hāi hŏk-sàang.
9. Ngǎw hāi hŏk-sàang.

II. m̀-hāi, the verb 'to be' in the negative.

1. Ngǎw m̀-hāi hŏk-sàang.
2. Kŏei m̀-hāi hŏk-sàang.
3. Nǎy m̀-hāi hŏk-sàang.
4. Kŏei m̀-hāi Yìng-gwōk yǎn.
5. Ngǎw m̀-hāi Gwóng-dòong yǎn.
6. Wŏng sèen-sàang m̀-hāi hŏk-sàang.
7. Hǎw sèen-sàang m̀-hāi hŏk-sàang.
8. Ngǎw m̀-hāi sèen-sàang.

III. Questions and answers with 'hāi m̌-hāi?'.

   1. Nǎy hāi m̌-hāi Yìng-gwōk yǎn? Hāi, ngàw hāi
      Yìng-gwōk yǎn.
   2. Kǒei hāi m̌-hāi hōk-sàang? Hāi, kǒei hāi hōk-sàang.
   3. Nǎy hāi m̌-hāi Gwóng-dòong yǎn? Hāi, ngǎw hāi
      Gwóng-dòong yǎn.
   4. Nǎy hāi m̌-hāi sèen-sàang? M̌-hāi, ngǎw hāi
      hōk-sàang.
   5. Lǎy sèen-sàang hāi m̌-hāi Gwóng-dòong yǎn?
      M̌-hāi.
   6. Wǒng sèen-sàang hāi m̌-hāi Yìng-gwōk yǎn?
      M̌-hāi, kǒei hāi Gwóng-dòong yǎn.

IV. Questions with final word 'mā?'.

   1. Kǒei hāi hōk-sàang mā? Hāi, kǒei hāi hōk-sàang.
   2. Wǒng sèen-sàang hāi Yìng-gwōk yǎn mā? M̌-hāi,
      kǒei hāi Gwóng-dòong yǎn.
   3. Nǎy hāi Yìng-gwōk yǎn mā? Hāi.
   4. Nèe-wāi* hāi hōk-sàang mā? M̌-hāi, kǒei hāi
      sèen-sàang.
   5. Hǎw sèen-sàang hāi sèen-sàang mā? Hāi, kǒei
      hāi sèen-sàang.

V. First examples of a 'yet' question, with answers.

   1. Nǎy sīk-jáw fāan māy? Sīk-jáw, m̌-gòy.
   2. Lǎy sèen-sàang sīk-jáw fāan māy? Māy.
   3. Wǒng sèen-sàang sīk-jáw fāan māy? Kǒei sīk-jáw
      fāan.

VI. Questions with 'mùt-yě' and answers.

   1. Nǎy hōk mùt-yě? Ngǎw hōk góng Gwóng-dòong
      wā*.
   2. Kǒei hōk mùt-yě? Kǒei hōk Yìng-gwōk wā*.

3. Lăy sèen-sàang hōk mùt-yĕ? Kŏei hōk Gwóng-
dòong wā*.
4. Năy góng mùt-yĕ? Ngăw góng Yìng-gwōk wā*.
5. Wŏng sèen-sàang góng mùt-yĕ? Kŏei góng
Gwóng-dòong wā*.
6. Năy sīk mùt-yĕ? Ngăw sīk fāan.
7. Wŏng sèen-sàang sīk mùt-yĕ? Kŏei sīk fāan.
8. Lăy sèen-sàang sīk mùt-yĕ? Kŏei sīk fāan.

More Practice

Read aloud and answer the following questions. The answers
should be given in full form as in the first example.

1. Năy hāi m̆-hāi Yìng-gwōk yăn?   Hāi, ngăw hāi Yìng-
gwōk yăn.
2. Lăy sèen-sàang hāi m̆-hāi Yìng-gwōk yăn?
3. Wŏng sèen-sàang hāi m̆-hāi hōk-sàang?
4. Năy hōk mùt-yĕ?
5. Lăy sèen-sàang hōk mùt-yĕ?
6. Kŏei góng mùt-yĕ?
7. Hăw sèen-sàang sīk mùt-yĕ?
8. Năy sīk-jáw fāan māy?
9. Wŏng sèen-sàang sīk-jáw fāan māy?
10. Lăy sèen-sàang sīk-jáw fāan māy?
11. Năy hāi hōk-sàang mā?
12. Gáy hó mā?
13. Kŏei hāi Yìng-gwōk yăn mā?
14. Wŏng sèen-sàang sīk-jáw fāan. Năy nè?
15. Kŏei hāi Yìng-gwōk yăn. Năy nè?

ARRIVAL

1. Năy yău mŏ fŏng*?	Have you any rooms?
2. Yău. Năy-dāy gáy-dàw gāw yăn?	Yes, how many are you?
3. Ngăw-dāy lĕong gāw yăn.	We are two.
4. Năy-dāy hāi m̆-hāi Măy-gwŏk yăn?	Are you Americans?
5. M̆-hāi, ngăw-dāy hāi Yìng-gwŏk yăn.	No, we are English.
6. Năy-dāy gáy-sĕe lăi Heòng Góng?	When did you come to Hong Kong?
7. Ngăw gùm-yāt lăi. Ngăw-gē păang-yău chŭm-yāt lăi.	I came today. My friend came yesterday.
8. Năy yīu jūe gáy-nōy?	How long do you want to stay?
9. Lăw sèen-sàang yīu jūe yàt yāt. Kŏei tìng-yāt hōei Sìng-gā-bàw. Ngăw yīu jūe sàam yāt.	Mr. Law wants to stay one day. He's going to Singapore tomorrow. I want to stay three days.
10. Hó là. Nèe-dō yău yàt gàan fŏng*, gáw-dō yău yàt gàan. Lĕong gàan dò hó lēng.	All right. Here's one room and there's one. Both are very nice.
11. M̆-gòy.	Thank you.

Vocabulary

1. yēe   two; dāi-yēe second.
2. yău   to have; there is, are.
3. mŏ   not to have, there isn't any.
4. fŏng*   a room; (*clf.* 'gàan').
5. -dāy   suffix to pronouns to make them plural.
6. gáy-dàw?   how many, much?
7. lĕong   two, a couple.
8. Măy-gwōk   America.
9. gáy-sĕe? (gáy-sĕe*?)   when?
10. lăi   to come.
11. Hèong Góng   Hong Kong (*lit.* 'fragrant harbour').
12. gùm-yāt   today.
13. -gē   possessive suffix.
14. păang-yău   a friend (*clf.* 'gāw').
15. Lăw   a surname.
16. chŭm-yāt   yesterday.
17. yīu   to want, need, wish.
18. jūe   to stay, dwell.
19. nōy   long (of time). gáy-nōy? (gáy-nōy*?) how long?
20. tìng-yāt   tomorrow.
21. hōei   to go.
22. Sìng-gā-bàw. (sometimes Sìng-gà-bàw.)   Singapore.
23. sàam   three.
24. là   final particle.
25. nèe-dō   here (*lit.* this way).
26. gáw-dō   there (*lit.* that way).
27. dò   all, both, also.
28. lēng   pretty, handsome, nice.
29. hó   very, same word as in Lesson 1, Vocabulary 9.

Notes

1. 'Yău mŏ' questions. These are in the same form as the 'yes or no'—'hāi m̀-hāi?'—questions in Lesson 1. 'Yău mŏ?' can be translated literally 'have not have?' or, in

some contexts 'there are there aren't?'. 'Yău' can render
the English 'have' and 'mŏ' 'not have' as, for example:

> Ngăw yău hōk-sàang.   I have students.
> Ngăw mŏ hōk-sàang.   I haven't any students.

'Yău' and 'mŏ' can also express 'there are', 'there aren't'
as in:

> Nèe-dō yău hōk-sàang.   There are students here.
> Nèe-dō mŏ hōk-sàang.   There aren't any students here.

And in the question form:

> Nèe-dō yău mŏ hōk-sàang?   Are there any students here?
> Yău.   Yes, there are.
> Mŏ.   No, there aren't.

2. Questions with 'gáy-'. In this Lesson there are the three
most useful instances of this compound:

> gáy-dàw?   how many? (how much?).
> gáy-sĕe?   when?
> gáy-nōy?   how long?

'Gáy-?' translates nicely into 'how?' in the first and third
examples but not so well in the second where it would read
literally 'how time?'. However, the meaning is clear and
in any event we should *not translate* from one language to
another in learning a new one.

'Gáy-dàw?' is usually, not always, followed by a classifier,
e.g.

> gáy-dàw gāw yăn?   yàt gāw.
> gáy-dàw gāw hōk-sàang?   lĕong gāw.
> gáy dàw gàan fŏng*?   sàam gàan.

'Gáy-sĕe?' is always a question and cannot be used for
'when' as in 'when I was a student'. We will come to this
later.

'Gáy-nōy?' means 'how long?' of time only, not distance.

3. 'Lĕong' is always the word used for expressing 'two' objects of any kind. 'Yēe' is used in the ordinal—'second'— and in all higher numbers, 12, 20, 22, 32, etc.

4. Where the tense is clear from context as in Sentences 6, 7 and 9, Chinese verbs do not require a suffix (like '-jáw') or other device to indicate time.

5. 'Today', 'tomorrow' and 'yesterday'. These 'time when' words—'gùm-yāt', 'tìng-yāt', 'chŭm-yāt'—almost always come before the verb, the opposite of English usage. The first part of 'chŭm-yāt' is pronounced exactly the same as the English word 'chum', the colloquial usage for 'friend'.

There are two other words for 'yesterday' but 'chŭm-yāt' is the most common.

6. The possessive suffix '-gē' is like the English ' 's' as in:

> Lăy sèen-sàang-gē păang-yău.
> Mr. Lee's friend.

It is also attached to pronouns:

> ngăw-gē păang-yău.
> năy-gē sèen-sàang.
> kŏei-gē hōk-sàang.

7. Only the personal pronouns add a suffix to indicate plural—'ngăw-dāy', 'năy-dāy', 'kŏei-dāy'. The plural in all other nouns can be told by context—'sàam gāw yăn', 'lĕong gàan fŏng*', 'hó dàw hōk-sàang', etc.

8. In the last part of Sentence 10 it will be noticed that there is no verb 'to be'. Here are one or two other examples of this very simple usage:

> Hèong Góng hó lēng.
> Nèe-gāw hōk-sàang hó lēng.
> Gáw-gàan fŏng* hó lēng.

The verb 'to be' is also omitted in Sentences 2 and 3. It could have been used but where the sense is quite clear Chinese prefers to economise in the use of words.

Drill

I. 'Yǎu mŏ . . .?' 'Have you . . .?', 'Are there any . . .?'.

  1. Nǎy yǎu mŏ fŏng*? Yǎu, ngǎw yǎu yàt gàan.
  2. Nèe-dō yǎu mŏ hōk-sàang? Mŏ, nèe-dō mŏ hōk-sàang.
  3. Gáw-dō yǎu mŏ hōk-sàang? Yǎu, gáw-dō yǎu lěong gāw.
  4. Wŏng sèen-sàang yǎu mŏ hōk-sàang? Kŏei mŏ hōk-sàang.
  5. Lǎy sèen-sàang yǎu mŏ sèen-sàang? Yǎu, kŏei yǎu yàt gāw.
  6. Nǎy yǎu mŏ pǔang yǔu? Mŏ, ngǎw mŏ pǎang-yǎu.

II. 'Gáy-dàw?' 'How many?' 'How much?'.

  1. Gáy-dàw gāw yǎn? Yàt gāw yǎn.
  2. Gáy-dàw gāw hōk-sàang? Lěong gāw.
  3. Gáy-dàw gāw sèen-sàang? Sàam gāw sèen-sàang.
  4. Gáy-dàw gāw Yìng-gwōk yǎn? Yàt gāw.
  5. Gáy-dàw gāw Mǎy-gwōk yǎn? Lěong gāw.
  6. Nǎy-dāy gáy-dàw gāw yǎn? Ngǎw-dāy sàam gāw yǎn.
  7. Kŏei-dāy gáy-dàw gāw yǎn? Kŏei-dāy lěong gāw yǎn.

III. 'Gáy-sěe?' 'When?'.

  1. Nǎy gáy-sěe lǎi? Ngǎw gùm-yāt lǎi.
  2. Kŏei gáy-sěe lǎi? Kŏei chǔm-yāt lǎi.
  3. Lǎy sèen-sàang gáy-sěe hōei? Kŏei tìng-yāt hōei.

4. Năy gáy-sĕe hōei Hèong Góng? Ngăw tìng-
   yāt hōei.
5. Kŏei gáy-sĕe hōei Sìng-gā-bàw? Kŏei gùm-yāt
   hōei.
6. Wŏng sèen-sàang gày-sĕe lăi Hèong Góng? Kŏei
   gùm-yāt lăi.

IV. 'Gáy-nōy?' 'How long?' (of time).

1. Năy yīu jūe gáy-nōy? Ngăw yīu jūe lĕong yāt.
2. Năy lăi-jáw gáy-nōy? Ngăw lăi-jáw sàam yāt.
3. Lăy sèen-sàang hōei-jáw gáy-nōy? Kŏei hōei-
   jáw yàt yāt.
4. Năy lăi-jáw Hèong Góng gáy-nōy? Ngăw lăi-
   jáw lĕong yāt.
5. Hăw sèen-sàang lăi-jáw gáy-nōy? Kŏei lăi-
   jáw lĕong yāt.
6. Kŏei-dāy lăi-jáw gáy-nōy? Sàam yāt.
7. Wŏng sèen-sàang yīu jūe gáy-nōy? Kŏei yīu
   jūe yàt yāt.

V. '-gē', the possessive suffix.

1. Kŏei hāi ngăw-gē păang-yău.
2. Ngăw hāi kŏei-gē păang-yău.
3. Năy hāi ngăw-gē păang-yău.
4. Wŏng sèen-sàang hāi ngăw-gē sèen-sàang.
5. Nèe-gàan fŏng* hāi ngăw-gē.
6. Gáw-gàan fŏng* hāi năy-gē.
7. Kŏei-dāy hāi ngăw-gē păang-yău.
8. Ngăw-dāy hāi kŏei-gē hōk-sàang.

Make all the above into 'hāi m̆-hāi?' questions and
answer them.

VI. Questions with the verb 'yīu', 'to want', 'need'.

1. Nǎy yīu m̀-yīu sīk fāan? Yīu, ngǎw yiu sīk
    fāan.
2. Kǒei yīu m̀-yīu jūe nèe-dō? Kǒei m̀-yīu.
3. Nǎy yīu m̀-yīu lǎi? Yīu, ngǎw yīu lǎi.
4. Kǒei yīu m̀-yīu hōei Sìng-gā-bàw? Yīu, kǒei
    yīu hōei.
5. Nǎy yīu m̀-yīu hōk Gwóng-dòong-wā*? Yīu,
    ngǎw yīu hōk.

VII. Adjective-without-verb sentences.

1. Kǒei hó lēng.
2. Nèe-gàan fóng* hó lēng.
3. Gáw-gàan fóng* m̀-lēng.
4. Hèong-Góng hó lēng.
5. Nèe-dō m̀-lēng.
6. Gáw-dō lēng m̀-lēng? Hó lēng.
7. Kǒei lēng m̀-lēng? Kǒei hó lēng.
8. Nèe-gāw hōk-sàang hó m̀-hó? Kǒei hó hó.
9. Gáw-gāw hōk-sàang hó m̀-hó? Kǒei m̀-hǒ.

VIII. 'dò' meaning 'both', 'all' and 'also'.

(a) 'Both'.
  1. Lěong gāw hōk-sàang dò hó.
  2. Lěong gāw dò hāi Yìng-gwōk yǎn.
  3. Lěong gàan fóng* dò hó lēng.
  4. Lěong gāw hōk-sàang dò hāi Mǎy-gwōk yǎn.

(b) 'All'.
  1. Kǒei-dāy sàam gāw dò hāi hōk-sàang.
  2. Sàam gāw hōk-sàang dò hāi Yìng-gwōk yǎn.
  3. Ngǎw-dāy sàam gāw dò hāi Mǎy-gwōk yǎn.
  4. Nǎy-dāy sàam gāw dò hāi sèen-sàang.

(c) 'Also', 'too'.

1. Ngăw dò hāi hōk-sàang.
2. Kŏei dò hāi Măy-gwōk yăn.
3. Lăy sèen-sàang dò hāi Yìng-gwōk yăn.
4. Ngăw dò hōei.
5. Ngăw tìng-yāt dò hōei.
6. Wŏng sèen-sàang dò lăi.
7. Kŏei dò hāi sèen-sàang.
8. Ngăw dò yău yàt gàan fŏng*.
9. Kŏei dò yău hōk-sàang.
10. Năy dò yău yàt gāw sèen-sàang.

More Practice

Read aloud and then answer the following questions:

1. Năy gáy-sĕe lăi?
2. Lăy sèen-sàang gáy-sĕe lăi?
3. Wŏng sèen-sàang gáy-sĕe hōei?
4. Năy gáy-sĕe hōei Hèong Góng?
5. Năy yău mŏ fŏng*?
6. Lăy sèen-sàang yău mŏ fŏng*?
7. Nèe-dō yău mŏ hōk-sàang?
8. Gáw-dō yău mŏ yăn?
9. Nèe-dō yău gáy-dàw gāw hōk-sàang?
10. Gáw-dō yău gáy-dàw hōk-sàang?
11. Năy yău gáy-dàw gàan fŏng*?
12. Lăw sèen-sàang yău gáy-dàw gàan fŏng*?
13. Nèe-wāi* hāi m̀-hāi Yìng-gwōk yăn?
14. Gáw-wāi* hāi m̀-hāi Măy-gwōk yăn?
15. Năy-dāy hāi m̀-hāi hōk-sàang?
16. Kŏei hāi m̀-hāi sèen-sàang?
17. Năy lăi-jáw gáy-nōy?
18. Kŏei lăi-jáw gáy-nōy?
19. Năy sīk-jáw fāan māy?
20. Kŏei lăi-jáw māy?

MEETING PEOPLE

1. Chéng mūn năy gwāi sīng?

   May I ask your name?

2. Ngăw sīng Lăy. Năy nè?

   My name is Lee. And yours?

3. Ngăw sīng Jèong. Năy lăi-jáw Hèong Góng gáy-nōy?

   My name is Jeong. How long have you been in Hong Kong?

4. Ngăw lăi-jáw sāy yāt.

   Four days.

5. Èi-yā! Sāy yāt! Năy sìk góng Jòong-gwōk wā*?

   Goodness! Four days! And you can speak Chinese?

6. Síu síu.

   Just a little.

7. Năy lăi Hèong Góng tsō sàang-yēe, hāi mā?

   You've come to Hong Kong on business, have you?

8. M̌-hāi, ngăw lăi dōok-shùe.

   No, I've come to study.

9. Năy lăi dōok mèe-yĕ shùe?

   To study what?

10. Ngăw lăi dōok Jòong-mǔn, hōk góng Gwóng-dòong wā*. Bèen-gāw lăi?

    To study Chinese and learn to speak Cantonese. Who is coming?

11. Hāi ngăw-gē tāai-tāai* tŏong-măai ngăw-dāy sāi-mùn-tsái. Nèe-wāi* hāi Lăy sèen-sàang.

    It's my wife with our children. This is Mr. Lee.

12. Jèong tāai-tāai* sìk góng Yìng-mǔn mā? — Do you speak English, Mrs. Jeong?

13. Ngǎw m̌-sìk góng; ngǎw sìk tèng síu síu. — I can't speak English; I can understand a little.

14. Nǎy-dǎy hái bèen-shūe jūe? — Where do you live?

15. Ngǎw-dǎy hái Gáu-lǒong jūe. Nǎy nè? — We live in Kowloon. And you?

16. Ngǎw hái Wàan-tsái jūe. — I live in Wanchai.

17. Èi-yā! Ngǎw-dǎy yīu fàan-hōei sīk fāan là. Tsōy gēen. — I say! We must go back for dinner. Goodbye.

18. Tsōy gēen. — Goodbye.

Vocabulary

1. chéng   to invite; please.
2. mūn   to ask.
3. gwāi   honourable; dear, expensive.
4. sīng   surname.
5. Jèong   a surname.
6. sāy   four.
7. èi-yā!   expression of surprise.
8. sìk   to know how to; to know.
9. Jòong-gwōk   China (*lit.* Middle Nation).
10. síu   a little.
11. tsō   to do, to make.
12. sàang-yēe   business.
13. dōok-shùe   to study (*lit.* read (study) books).
14. mèe-yě?   what? alternative to 'mùt-yě'.
15. Jòong-mǔn   written Chinese, short for 'Jòong-gwōk-mǔn'.
16. bèen-gāw?   who? which person?
17. tāai-tāai*   Mrs., wife.
18. tǒong-mǎai   with, and.

19. sāi-mùn-tsái   children.
20. Yìng-mǔn   written English, but here 'spoken English'.
21. tèng   to hear, listen.
22. hái   at, in.
23. bèen-shūe   where? alternative to 'bèen-dō'.
24. Gáu-Lǒong   Kowloon (*lit.* 'nine dragons').
25. Wàan-Tsái   Wanchai, a district in Hong Kong (*lit.* 'bay child', i.e. little bay).
26. fàan-hōei   go back, return.
27. là   a final particle.
28. tsōy-gēen   goodbye (*lit.* again meet).

A Reminder

If you have not done ten minutes Tone Drill (page 13) before beginning this Lesson, please do so now.

And remember that words beginning with j, g, d and b are written like that as a rough guide. The real sounds of these initials are unaspirated and unvoiced. Some of the words beginning with j (e.g. Jòong-gwōk) sound like the 'tch' in 'catch'. Listen to a Cantonese-speaker and imitate.

Notes

1. 'Chéng mūn . . .' is a polite usage which can precede any question and is similar to the English 'May I ask . . .?'. In this Lesson it is followed by the equally polite 'gwāi sīng?'—'your honourable surname?'—which is still a common form in Hong Kong and among the Chinese of South-east Asia. It is no longer in vogue in the Chinese People's Republic.

2. 'Sīng', a surname, is here used as a verb meaning 'to be surnamed'.

3. In Sentences 3 and 4 'lǎi' (to come) is used where in English we use 'have been'. The translation in the right-hand column is meant to be idiomatic and colloquial and in no way attempts to follow the Chinese word for word.

Translation is to be avoided. With each reading of the Dialogue in Cantonese it becomes less and less necessary to read the English. In due course you should ignore the English side of the Dialogue.

4. 'hāi mā?' in Sentence 7 is a common alternative to the ending 'mā?' or to the fuller form 'hāi m̄-hāi?' which could also be used at the end of this sentence.

5. In Sentence 11 we have two examples of the personal pronoun meaning 'my' and 'our' without the possessive suffix '-gē'. This is common practice but it would also be correct to use the suffix. Another way of making the possessive is to use the classifier instead of the suffix. Thus we may say 'ngǎw gàan fǒng*' instead of 'ngǎw-gē fǒng*' (my room), 'kǒei gāw sèen-sàang' instead of 'kǒei-gē sèen-sàang' but in each of these examples there must be either a classifier or a possessive suffix. Euphony helps to determine the best way but it is also a safe rule to use the suffix although it is often omitted as in Sentence 11.

6. In Sentence 11 we also have the word for 'and' or 'along with'. The word 'and' is very easy in English but not so easy in Cantonese. 'Tǒong' or 'tǒong-mǎai' is used to link two objects in the sense of 'along with' but cannot be used to connect two phrases as in English, e.g. 'he went to Hong Kong *and* studied Chinese'. We will come to this kind of sentence later.

7. Sentence 15. Chinese distinguishes between '*where* are you going?' and '*where* do you live?'. Thus:

Nǎy hái bèen-shūe jūe?   *lit.* 'at which place do you live?'
Nǎy hōei bèen-shūe?   'where are you going?'.

In each case 'bèen-dō?' can be used in place of 'bèen-shūe?'.

8. In Sentence 17 we have the final particle 'là'. Cantonese has many final particles. Some are used for euphony and emphasis as in this case. They are not essential to meaning but are important for idiomatic usage. They can be best learned by imitating native speakers.

Drill

I. 'chéng'—to invite.

    1. Ngăw chéng năy lăi.
    2. Kŏei chéng ngăw hōei Sing-gā-bàw.
    3. Wŏng sèen-sàang chéng ngăw sīk fāan.
    4. Wŏng tāai-tāai* chéng ngăw sīk fāan.
    5. Jèong tāai-tāai* chéng ngăw hōei Gáu-lŏong.
    6. Kŏei chéng ngăw fàan hōei.
    7. Hăw sèen-sàang chéng năy fàan-lăi.

II. 'chéng'—please.

    1. Chéng lăi.
    2. Chéng lăi nèe-shūe.
    3. Chéng hōei.
    4. Chéng hōei gáw-shūe.
    5. Chéng lăi sīk fāan.
    6. Chéng năy tìng-yāt fàan-lăi.
    7. Chéng năy tìng-yāt hōei Hèong Góng.
    8. Chéng năy tìng-yāt lăi sīk fāan.
    9. Chéng góng Jòong-gwōk wā*.
   10. Chéng góng Yìng-gwōk wā*.

III. 'sīng'—surname, to be surnamed.

    1. Năy gwāi sīng?   Síu sīng Wŏng ('little name Wong'—polite).
    2. Năy sīng mèe-yé? (less polite). Ngăw sīng Wŏng.
    3. Kŏei sīng mùt-yé?   Kŏei sīng Lăy.
    4. Gáw-gāw hōk-sàang sīng mùt-yé?   Kŏei sīng Lăy.
    5. Nèe-wāi* sèen-sàang sīng mùt-yé?   Kŏei sīng Jèong.
    6. Yău hó dàw yăn sīng Lăy.

7. Yău hó dàw yăn sīng Wŏng.
8. Yău hó dàw yăn sīng Hăw.
9. Yău mŏ yăn sīng Jèong?   Yău, yău hó dàw.
10. Yău mŏ yăn sīng Lăy?   Yău, yău hó dàw yăn sīng Lăy.
11. Năy gwāi sīng?   Síu sīng Lăy.

IV. '-jáw'—the past tense.

1. Wŏng sèen-sàang lăi-jáw.
2. Lăy sèen-sàang hōei-jáw.
3. Ngăw sīk-jáw fāan.
4. Kŏei lăi-jáw Hèong Góng hó nŏy.
5. Ngăw lăi-jáw sàam yăt.
6. Kŏei hōei-jáw Yìng-gwōk.
7. Lăw sèen-sàang fàan-jáw lăi.
8. Wŏng tāai-tāai* fàan-jáw hōei.
9. Kŏei fàan-jáw lăi hó nŏy.
10. Ngăw fàan-jáw lăi lĕong yăt.

Note. In the last four sentences '-jáw' is inserted between the two parts of the compounds 'fàan-hōei' and 'fàan-lăi'.

V. 'sìk'—to know how to.

1. Ngăw sìk góng Yìng-gwōk wā*.
2. Kŏei sìk góng Gwóng-dòong wā*.
3. Năy sìk m̆-sìk góng Yìng-mŭn?   Síu síu.
4. Năy sìk m̆-sìk góng Jòong-gwōk wā*?   Ngăw sìk.
5. Lăy sèen-sàang sìk góng hó dàw Gwóng-dòong wā*.
6. Jèong tāai-tāai* sìk góng hó síu Yìng-mŭn.
7. Hăw sèen-sàang m̆-sìk góng Yìng-gwōk wā*.
8. Ngăw m̆-sìk tsō sàang-yēe.
9. Wŏng sèen-sàang sìk tsō sàang-yēe.
10. Hó dàw Jòong-gwōk yăn sìk tsō sàang-yēe.

VI. 'sìk'—to know people or places.

1. Ngăw sìk kŏei; kŏei m̀-sìk ngäw.
2. Ngăw sìk Wŏng sèen-sàang.
3. Ngăw sìk Wŏng tāai-tāai*.
4. Năy sìk m̀-sìk kŏei? Ngăw m̀-sìk kŏei.
5. Năy sìk m̀-sìk Wŏng sèen-sàang? Sìk, ngăw sìk kŏei.
6. Jèong tāai-tāai* sìk m̀-sìk năy? Sìk, kŏei sìk ngăw.
7. Năy sìk m̀-sìk nèe-gāw hōk-sàang? M̌-sìk, ngăw m̀-sìk kŏei.
8. Hăw sèen-sàang m̀-sìk gáw-gāw yăn.
9. Nèe-wāi* m̀-sìk kŏei.
10. Ngăw sìk hó dàw yǎn.
11. Kŏei sìk hó síu yǎn.
12. Hó síu yǎn sìk kŏei.
13. Hó dàw yǎn sìk Lǎy sèen-sàang.
14. Hó dàw hōk-sàang sìk kŏei.

VII. 'bèen-gāw?'—who?

1. Bèen-gāw lǎi? Wŏng tāai-tāai*.
2. Bèen-gāw hōei Hèong Góng? Ngăw hōei.
3. Năy hǎi bèen-gāw? Ngăw sīng Lǎy, ngăw hǎi hōk-sàang.
4. Bèen-gāw sìk tèng Yìng-gwōk wā*? Jèong tāai-tāai* sìk tèng.
5. Bèen-gāw chéng năy lǎi? Jèong sèen-sàang.
6. Bèen-gāw chéng năy sīk fāan? Hăw sèen-sàang.
7. Bèen-gāw dōok jòong-mŭn? Ngăw.
8. Bèen-gāw hōei Sìng-gā-bàw? Lǎw sèen-sàang.
9. Bèen-gāw sìk góng Gwóng-dòong wā?* Ngăw sìk góng síu síu.

VIII. 'bèen-shūe?', 'bèen-dō?'—where?

1. Năy hōei bèen-dō?   Ngăw hōei Gáu-lŏong.
2. Kŏei hōei bèen-shūe?   Kŏei hōei Hèong Góng.
3. Năy hái bèen-dō jūe?   Hái Gáu-lŏong.
4. Lăy sèen-sàang hái bèen-shūe jūe?   Kŏei hái Yìng-gwōk jūe.
5. Năy hái bèen-dō dōok-shùe?   Ngăw hái Hèong Góng dōok-shùe.
6. Lăy sèen-sàang hái bèen-shūe?   Kŏei hái Yìng-gwōk.
7. Hăw sèen-sàang hái bèen-dō?   Kŏei hái nèe-shūe.
8. Wŏng sèen-sàang hái bèen-shūe?   Kŏei hái gáw-dō.
9. Wŏng tāai-tāai* hái bèen-dō?   Kŏei hái nèe-dō.
10. Kŏei gùm-yāt hōei bèen-dō?   Kŏei hōei Sìng-gā-bàw.

IX. 'fàan-hŏei' and 'fàan-lăi'—to go back, come back.

1. Kŏei gáy-sĕe fàan-lăi Hèong Góng?   Kŏei chŭm-yāt fàan-lăi.
2. Năy gáy-sĕe fàan-hōei Yìng-gwōk?   Ngăw tìng-yāt fàan-hōei.
3. Kŏei-dāy tìng-yāt fàan-lăi.
4. Wŏng sèen-sàang gùm-yāt fàan-lăi.
5. Hōk-sàang fàan-lăi dōok-shùe.
6. Kŏei-dāy fàan-hōei Jòong-gwōk.
7. Chéng năy tìng-yāt fàan-lăi.
8. M̆-gòy, ngăw-dāy tìng-yāt fàan-lăi.
9. Bèen-gāw fàan-hōei Sìng-gā-bàw?   Lăw sèen-sàang fàan-hōei.
10. Jèong tāai-tāai* fàan-hōei Gáu-lŏong.

More Practice

Read aloud and answer in as many ways as you can.

1. Năy gáy-sĕc lăi Hèong Góng?
2. Năy sìk m̀-sìk góng Jòong-gwōk wā*?
3. Năy sìk m̀-sìk tèng?
4. Năy yău mŏ sāi-mùn-tsái?
5. Năy gwāi sīng?
6. Gáw-gāw hōk-sàang sīng mèe-yĕ?
7. Năy hái bèen-shūe jūe?
8. Năy lăi-jáw Hèong Góng gáy-nōy?
9. Bèen-gāw lăi Hèong Góng dōok-shùe?
10. Kŏei lăi-jáw Hèong Góng gáy-nōy?
11. Bèen-gāw sìk góng gwóng-dòong wā*?
12. Bèen-gāw sìk góng Yìng-mŭn?
13. Wŏng sèen-sàang gáy-sĕe fàan-hōei Măy-gwōk?
14. Kŏei hāi m̀-hāi Măy-gwōk yăn?
15. Năy-gē tāai-tāai* hāi m̀-hāi Yìng-gwōk yăn?
16. Năy-dāy hōei bèen-dō?
17. Kŏei-dāy hāi m̀-hāi hōk-sàang?
18. Kŏei lăi tsō sàang-yēe, hāi m̀-hāi?
19. Năy sìk m̀-sìk Wŏng sèen-sàang?
20. Wŏng sèen-sàang sìk m̀-sìk năy?

GETTING ABOUT

1. Lǎy sèen-sàang, tsó sǔn. Chéng chǎw. Nǎy gùm-yāt hōei bèen-dō ā?

   Good morning, Mr. Lee. Please sit down. Where are you going today?

2. Ngǎw hōei gēen ngǎw-gē pǎang-yǎu.

   I'm going to meet my friend.

3. Kǒei hái bèen-dō jūe ā?

   Where does he live?

4. Kǒei hái tsáu-dēem jūe.

   He lives in a hotel.

5. Lǎy nèe-shūe yǔen m̌-yǔen nè?

   Far from here?

6. Hó yǔen. Ngǎw yīu chǎw bà-sée wāak-jé dìk-sée hōei.

   Yes, very far. I must go by bus or taxi.

7. Nǎy mǒ hāy-chè?

   You haven't got a car?

8. Mǒ . . . Wài! Dìk-sée! Ngǎw yīu hōei Mǐng Wǎ tsáu-dēem. Nǎy sìk m̌-sìk lō?

   No, I haven't . . . Hey! Taxi! I want to go to the Mǐng Wa Hotel. Do you know the way?

9. Sìk. Lǎy nèe-shūe lěong Yìng-lǎy; hó kǔn jè.

   Yes. Two miles from here; it's quite near.

10. Lěong Yìng-lǎy? M̌-hǎi gáy yǔen . . . Neè-gā chè hǎang-dùk hó fāai.

    Two miles? Not very far . . . This car's going very fast.

11. M̌-hǎi sūp fùn fāai. Nèe-shūe yǎu hó dàw chè. Ngǎw yěe-gà yīu hǎang māan-dèe.

    Not very fast. There are lots of cars here. Now I must go more slowly.

12. Èi-yā! Gūm dàw chè!   Goodness! What a lot of cars!

13. Năy déem-yēong* lăi   How did you come to Hong Hèong Góng gā?   Kong?

14. Ngăw chăw fày-gày lăi.   I came by plane. Ngăw-gē tāai-tāai*   My wife came by ship. chăw shŭen lăi.

15. Năy sìk m̆-sìk jà chè?   Can you drive a car?

16. M̆-sìk; ngăw yĕe-gà hōk   No; I'm learning to drive jà.   now.

17. Nèe-shūe hāi Mǐng Wǎ   Here's the Mǐng Wa Hotel. tsáu-dēem.

18. Hó dāai gàan! Gáy-dàw   What a big place! How chĕen*?   much?

19. Nğ mùn . . . Dàw tsē.   Five dollars . . . Thank you.

Vocabulary

1. tsáu-dēem   hotel, classifier 'gàan' (*lit.* 'wine shop').
2. lăy   from, separated from.
3. yŭen   far.
4. chăw   to sit; go by.
5. bà-sée   bus (loan word) classifier 'gā'.
6. gēen   to meet, see.
7. wāak-jé   or; perhaps.
8. dìk-sée   taxi (loan word) classifier 'gā'.
9. hāy-chè   car (*lit.* 'air vehicle'); classifier 'gā'.
10. wài!   hey!
11. lō   a road, classifier 'tǐu'.
12. Yìng-lăy   English mile. No classifier.
13. kŭn   near.
14. jè   only.
15. hăang   to go, walk.
16. -dùk   adverbial suffix.
17. fāai   fast.
18. sūp-fùn   very, extremely (*lit.* 'ten parts').

19. yĕe-gà   now.
20. māan   slow, slowly. māan-dèe slower.
21. -dèe   comparative suffix.
22. gūm   so.
23. déem-yēong*?   how?
24. fày-gày   aircraft (*lit.* 'flying machine'), classifier 'gā'.
25. shŭen   a ship, classifier 'jēk'.
26. jà   to drive (a car, etc.).
27. dāai   big.
28. chĕen*   money.
29. nğ   five.
30. mùn   a dollar, no classifier.
31. dàw-tsē   thank you (*lit.* many thanks).
32. gā   a final particle used for euphony.

Notes

1. In this Lesson 'chăw' is used in its two senses: (*a*) 'to sit', its original and literal meaning, and (*b*) 'to go by', its derived meaning. The latter can be rendered by another word (dāap) but 'chăw' is the more common. Note the word order—'I by bus go', not the English way.

2. The loan words for 'bus' and 'taxi' are examples of the very small number that have been borrowed by Chinese from foreign languages. (See Lesson 1, Note 5.) In China the word for 'bus' is rendered by Chinese words meaning 'public-together-vehicle'—'gùng-gūng-chè'—(reminiscent of omnibus) but in Hong Kong and South-east Asia 'bà-sée' is preferred.

Chinese is one of the 'purest' of languages in the sense that it has so very few foreign words in its vocabulary. This is partly due to its cultural supremacy in East Asia for two or three thousand years. On the other hand Japanese, Korean, Vietnamese and other neighbouring languages have borrowed thousands of words from Chinese.

For new words such as 'telephone', 'television' and 'aircraft' Chinese has invented appropriate terms—'electric language', 'electric vision', 'flying machine'.

3. The Chinese measure of distance 'li' (Cantonese 'lăy') is about one third of an English mile. 'Yìng-lăy' is in very common use.

4. In Sentence 9 the final particle 'jè' is one of a large number in Cantonese. Some have little or no meaning and are used for their rhythmic value. 'Jè', however, means 'only'. It must be used as a final.

5. Sentence 10. The suffix '-dùk' attached to verbs is always used with a following adverb. The original meaning of this word is that of 'have', 'get' (or 'got'), 'possess' or 'can', 'have the power to'. Thus a literal rendering of 'hăang-dùk hó fāai' could be: 'go have very fast'. Without the following adverb the suffix simply means 'can'. Here are examples of the two uses:

hăang-dùk	can go.
góng-dùk	can speak.
sīk-dùk	can eat.
lăi-dùk	can come.
hăang-dùk hó fāai	is going quickly.
góng-dùk hó māan	is speaking very slowly.
sīk-dùk hó fāai	is eating very quickly.
lăi-dùk hó māan	is coming very slowly.

6. Sentence 11. The combination 'sūp-fùn'—literally 'ten parts'—is very common to render 'very', 'extremely', etc.

7. In Sentence 11 we have the first example of the suffix '-dèe' which gives the comparative of adjectives and

adverbs. Here are all the adjectives or adverbs we have had so far with their comparative forms:

hó	hó-dèe	nōy	nōy-dèe	lēng	lēng-dèe
gwāi	gwāi-dèe	síu	síu-dèe	yŭen	yŭen-dèe
kŭn	kŭn-dèe	fāai	fāai-dèe	māan	māan-dèe
dāai	dāai-dèe	dàw	dàw-dèe		

Where the comparison is extended to include the thing compared, e.g. 'this is bigger than that' another form is used. We will deal with this later.

8. Sentence 12. The word 'gūm' means 'so', 'to such an extent' but is commonly used, as here, to render 'what a lot of . . .', . . ., 'what a big . . .', etc.

9. In Sentence 18 we have the use of the classifier by itself, meaning 'one'—of the class of objects which it defines. It has been translated 'what a big place' as we would say this in English but it could also be 'it's a very big one' (referring back to 'hotel' mentioned in the previous Sentence). The Chinese could also have read 'gūm dāai gàan' as in Sentence 12.

10. In the last Sentence we meet the second expression for 'thank you'. The first was 'm̀-gòy', introduced in Lesson 1. 'Dàw tsē', literally 'many thanks', is used on receiving a gift or service of some importance. 'M̆-gòy' is a polite acknowledgement. It can also be used to mean 'please' in making a request, whereas 'dàw tsē' obviously can only express thanks.

Drill

I. 'chăw', to sit.

1. Chéng chăw.
2. Chéng chăw nèe-shūe.

3. Chéng chăw gáw-shūe.
4. Kŏei hái fòng chăw.
5. Kŏei hái bèen-shūe chăw? Hái tsáu-dēem.
6. Chéng Lăy sèen-sàang chăw nèe-shūe.
7. Chéng hōei gáw-dō chăw.

II. 'chăw', to go by (a vehicle). . . .

1. Ngăw chaw bà-sée lăi.
2. Lăy sèen-sàang chăw fày-gày lăi Hèong Góng.
3. Kŏei tāai-tāai*chăw shŭen lăi.
4. Ngăw chăw bà-sée hōci Gáu-lŏong.
5. Wŏng sèen-sàang chăw dìk-sée hōei tsáu-dēem.
6. Chăw fày-gày hoei Yìng-gwōk hó fāai.
7. Kŏei chăw bà-sée hōei gēen păang-yău.

III. 'lăy', from, distant from.

1. Lăy nèe-shūe hó yŭen.
2. Lăy nèe-dō m̀-hāi sūp-fùn yŭen.
3. Yìng-gwōk lăy Sìng-gā-bàw sūp-fùn yŭen.
4. Măy-gwōk lăy Hèong Góng dò hó yŭen.
5. Gáu-lŏong lăy nèe-shūe hó kŭn jè.
6. Tsáu-dēem lăy nèe-shūe sàam Yìng lăy.
7. Kŏei gàan fòng* lăy nèe-dō hó yŭen.
8. Gáu-lŏong lăy Hèong Góng yàt Yìng lăy.

IV. '-dùk' as an adverbial suffix.

1. Nèe-gā chè hăang-dùk hó fāai.
2. Gáw-gā hăang-dùk hó māan.
3. Bà-sée chè hăang-dùk hó fāai.
4. Nèe-gā dìk-sée hăang-dùk hó māan.
5. Nèe-jēk shŭen hăang-dùk hó fāai.

V. 'gūm', so, what a . . .

1. Gūm dàw chè lăi nèe-shūe!
2. Gūm dàw hōk-sàang dōok-shùe!
3. Gūm dàw yăn hái Hèong Góng!
4. Wŏng tāai-tāai* gūm lēng!
5. Gūm síu hōk-sàang!
6. Gūm hó Gwóng-dòong wā*!
7. Kŏei góng Yìng-mŭn, góng-dùk gūm hó.
8. Bà-sée chè hăang-dùk gūm fāai!
9. Kŏei sìk góng gūm síu!
10. Kŏei sìk gūm síu fāan.

VI. 'déem-yēong*?', how?

1. Năy déem-yēong* lăi?   Ngăw chăw shŭen lăi.
2. Kŏei déem-yēong* lăi?   Kŏei chăw fày-gày lăi.
3. Lăy sèen-sàang déem-yēong* hōei?   Kŏei chăw hāy-chè hōei.
4. Hăw tāai-tāai* déem-yēong* lăi?   Kŏei chăw bà-sée lăi.
5. Năy déem-yēong* hōei Măy-gwōk?   Ngăw chăw fày-gày hōei.

VII. Numbers one to five.

1. Yàt, yēe, sàam, sāy, ňg.
2. Yàt gāw yan, lĕong gā chè, sàam gàan fŏng*.
3. Gáy-dàw gā chè?   Sāy gā.
4. Gáy-dàw gā fày-gày?   Nğ gā.
5. Gáy-dàw chĕen?*   Yàt mùn, lĕong mùn, sàam mùn, sāy mùn, ňg mùn.
6. Gáy-dàw jēk shŭen?   Lĕong jēk.
7. Sāy gāw hōk-sàang hōei Jòong-gwōk.
8. Ňg gāw hōk-sàang dōok Jòong-mŭn.

9. Năy yīu jūe gáy-dàw yāt? Sàam yāt.
10. Lăy sèen-sàang yīu jūe gáy-dàw yāt? Sāy yāt.
11. Ngăw lăi-jáw ňg yāt.
12. Yàt, yēe, sàam, sāy, ňg.

More Practice

Read each of the following sentences aloud, turn them into questions, then answer the question differently from the original. The question word or form is given for each group.
Example:

> Nèc-shūe yău lĕong gāw hōk-sàang.
> Nèe-shūe yău gáy-dàw gāw hōk-sàang?
> Nèe-shūe yău ňg gāw hōk-sàang.

(*a*)

1. Nèe-dō yău sàam gā fày-gày. (gáy-dàw?)
2. Gáw-shūe yău yàt gàan tsáu-dēem.
3. Nèe-shūe yău yàt gāw yăn.

(*b*)

1. Kŏei lăi-jáw sàam yāt. (gày-nōy?)
2. Lăy sèen-sàang lăi-jáw lĕong yāt.
3. Hăw sèen-sàang lăi-jáw hó nōy.

(*c*)

1. Lăy tāai-tāai* tìng yāt lăi. (gáy-sĕe?)
2. Wŏng sèen-sàang chŭm-yāt lăi.
3. Kŏei gùm-yāt hōei Sing-gā-bàw.

(*d*)

1. Kŏei yău yàt gā chè. (yău mŏ?)
2. Wŏng sèen-sàang mŏ chè.
3. Nèe-shūe yău sàam jēk shŭen.

(e)

1. Kŏei-dāy hāi Yìng-gwōk yǎn   (hāi m̆-hāi?)
2. Lǎy sèen-sàang hāi Mǎy-gwōk yǎn.
3. Lǎy tāai-tāai* hāi hōk-sàang.

(f)

1. Jòong-gwōk lǎy nèe-shūe hó yŭen.   (yŭen m̆-yŭen?)
2. Tsáu-dēem lǎy nèe-dō sàam Yìng lǎy.
3. Gáu-lŏong lǎy nèe-dō hó kŭn.

(g)

1. Kŏei sīk-jáw fāan.   (. . . māy?)
2. Kŏei hōei-jáw Mǎy -gwōk.
3. Lǎy sèen-sàang lǎi-jáw Hèong Góng.

(h)

1. Wŏng sèen-sàang sìk góng Gwóng-dòong-wā*.   (sìk
   m̆-sìk?)
2. Kŏei sìk góng Yìng-gwōk wā*.
3. Kŏei sìk tèng Yìng-mŭn.

(i)

1. Kŏei-dāy hái Hèong Góng jūe.   (hái bèen-shūe?)
2. Ngăw hái Yìng-gwōk jūe.
3. Năy-dāy hái Mǎy-gwōk jūe.

(j)

1. Nèe-gā chè hăang-dùk hó fāai.   (fāai m̆-fāai?)
2. Gáw-gā bà-sée hăang-dùk hó māan.
3. Nèe-jēk shŭen hăang-dùk hó fāai.

(k)

1. Kŏei chăw hāy-chè lǎi.   (mùt-yé . . .?)
2. Wŏng sèen-sàang chăw shŭen hōei Jòong-gwōk.
3. Ngăw chăw dìk-sée hōei tsáu-dēem.

The more you do of these exercises the better.

STREET SCENE

1. Nèe-tǐu lō yǎu gūm dàw pō-tǎu*! Nǎy séong m̀-séong mǎai yě?

   What a lot of shops there are in this street! Do you want to buy anything?

2. Ngǎw m̀-séong. Nèe-gàan mǎai mùt-yě?

   No. What does this one sell?

3. Nèe-gàan mǎai shùe; gáw-gàan mǎai sàang-gwáw.

   It sells books; that one sells fruit.

4. Tsáw-bēen gáw-gàan hāi m̀-hāi ngǎn-hǒng?

   Is that a bank on the left?

5. M̀-hāi, gáw-gàan hāi tsáu-gà. Nǎy gáy-déem jòong sīk ān-jāu?

   No, that's a restaurant. What time do you have lunch?

6. Yàt déem jòong. Yěe-gà gáy-déem?

   One o'clock. What time is it now?

7. Yěe-gà sūp-yēe déem sāy gāw tsēe.

   It's twenty past twelve.

8. M̀-hāi, yěe-gà sūp-yēe déem bōon.

   No, it's half past twelve now.

9. Nèe-tǐu hāi mèe-yě lō?

   What street is this?

10. Nèe-tǐu hāi Jòong Sàan Lō. Yāu-bēen hāi Dāai Chìng Dō. Gáw-shūe yǎu yàt gàan hāy-yūen*.

    This is Chung Shan Road. On the right is Tai Ching Road. There's a cinema there.

11. Nǎy jòong-yēe tái hāy mā?

    Do you like going to the cinema?

12. M̌-jòong-yēe. Ngăw   No, I prefer reading.
    jòong-yēe tái shùe.

13. Chăw gáw-dō gáw-gāw   What is that woman sitting
    nŏei-yăn tsō mèe-yĕ?   over there doing?

14. Kŏei māai bō-jée.   She's selling newspapers.

15. Èi-yā! Gūm dàw chè!   Goodness! What a lot of cars!
    Gūm dàw yăn! Ngăw   What a lot of people! I must
    yīu fāai-dèe fàan òok-   go home right away. It's
    káy. Yĕe-gà sūp-yēe   twenty-five to one now.
    déem chàt gāw tsēe.

16. Ngăw dò yīu fàan òok-   I must go home too. I have
    káy. Ngăw sūp-yēe   lunch at a quarter to one.
    déem sàam gāw gwùt   Goodbye.
    sīk ān-jāu. Tsōy gēen.

17. Tsōy gēen.   Goodbye.

Vocabulary

1. tĭu   classifier for roads and some other long, narrow objects.
2. pō-tău*   a shop, classifier 'gàan'.
3. séong   to wish, want.
4. măai   to buy.
5. māai   to sell.
6. sàang-gwáw   fruit.
7. tsáw-bēen   left, left side.
8. ngăn-hŏng   bank (*lit.* 'silver firm'), classifier 'gàan'.
9. tsáu-gà   restaurant, classifier 'gàan'.
10. gáy-déem jòong?   what time is it? (*lit.* 'how (many) strikes clock?').
11. ān-jāu   lunch.
12. sūp-yēe   twelve.
13. tsēe   a character, digit.
14. bōon   a half.
15. dō   a road, way, classifier 'tĭu'.

16. yāu-bēen   right, right side.
17. hāy-yūen*   cinema, classifier, 'gàan'.
18. jòong-yēe   to like, enjoy.
19. tái   to look at. tái hāy to go to the cinema (*lit.* 'look at show'). tái shùe to read, to read books.
20. nŏei-yǎn   woman, classifier 'gāw'.
21. bō-jée   newspaper (*lit.* 'report paper'), classifier 'jèong'.
22. òok-káy   home (*lit.* 'house stand'). òok a house, classifier 'gàan'.
23. chàt   seven.
24. gwùt   a quarter.

Numbers one to twelve

yàt	one	ňg	five	gáu	nine
yēe	two	lōok	six	sūp	ten
sàam	three	chát	seven	sūp-yàt	eleven
sāy	four	bāat	eight	sūp-yēe	twelve

Notes

1. Note carefully the subtle difference in the sounds of 'mǎai' and 'māai', to buy and to sell.

2. In Kwangtung and South-east Asia the word for 'road' or 'street' is usually rendered by 'lō' or 'gàai'. In Hong Kong the commonest word is 'dō'. This word is also used in the abstract sense of Way or Way of Life, i.e. Principle. You will recognise it in its Mandarin form 'tao' in Taoism.

3. The first meaning of the word 'hāy' is a theatrical performance on the stage. In the phrase 'tái hāy' it now usually means 'to go to the cinema'. The full form for cinema is 'yíng-wá-hāy', literally 'shadow picture show', but the short form is much more common. To render 'theatre', 'stage show' or 'play' the Chinese say 'dāai hāy', i.e. great or big theatre.

4. In Sentence 13 we have an example of a 'relative clause' pattern. In this case the English could, rather clumsily, read 'What is the woman *who* is sitting over there doing?', that is using the relative pronoun 'who'. In Chinese there is no relative pronoun. The clause or phrase which describes the person is, quite logically, rendered as a group of adjectives put before the noun which they describe; thus, 'sitting over there that woman'. A similar form is found in Sentence 4.

5. In Sentences 15 and 16 the word 'yīu', already introduced in Lesson 2 (Vocabulary 17) is used to render 'must' or 'need to'. It should be contrasted with 'séong' in Sentence 1, meaning 'to wish' or 'to want', that is having a lesser degree of necessity or urgency than 'yīu'.

6. Note that 'fāai-dèe', translated 'right away' is the comparative form of 'fāai' but it does not here mean faster or more quickly. It is simply an idiomatic usage and a very common one.

7. 'Fàan' was introduced in Lesson 3 (Vocabulary 26) in conjunction with 'hōei', to go, and also in Drill 1 with 'lăi', to come. In Sentences 15 and 16 of this Lesson 'fàan' is used by itself meaning to go back or return. In this phrase 'fàan òok-káy', to go home or return home, 'hōei' is almost always omitted. Note too that Chinese will say 'go back' or 'return' home when in English we usually say simply 'go home'.

Drill

    I. 'séong' to wish to, want to.

        1. Năy séong tsō̄ mùt-yĕ?   Ngăw séong măai yĕ.
        2. Kŏei séong tsō̄ mùt-yĕ?   Kŏei séong măai yĕ.
        3. Năy séong măai mùt-yĕ?   Ngăw séong măai sàang-gwáw.

4. Kŏei séong māai mùt-yĕ? Kŏei séong māai shùe.
5. Ngăw m̀-séong hōci. Kŏei m̀-sēong lăi.
6. Kŏei m̀-séong dōok-shùe. Kŏei séong tái bō-jée.
7. Kŏei m̀-séong sīk fāan. Kŏei séong tái shùe.
8. Năy séong m̀-séong hōei Hèong Góng? Séong, ngăw hó séong hōei.
9. Ngăw m̀-séong chăw fày-gày. Ngăw séong chăw shŭen.
10. Kŏei séong fàan-hōei Yìng-gwōk.

II. 'yīu', to need to, require to, want, must.

1. Yĕe-gà yàt déem Jòong; ngăw yīu fàan òok kúy sīk ān-jāu.
2. Năy tsō sàange-yēe, yīu m̀-yīu sìk Jòong-mŭn? Yīu.
3. Năy yīu m̀-yīu sìk góng Gwóng-dòong wā*? Yīu.
4. Năy yīu jūe gáy-nōy? Ngăw yīu jūe lōok yāt.
5. Ngăw yīu yàt gàan fŏng*; ngăw-gē păang-yău dò yīu yàt gàan.
6. Ngăw yīu dōok-shùe; kŏei dò yīu dōok-shùe.
7. Lăy tāai-tāai* yīu măai sàang-gwáw.
8. Ngăw yīu fāai-dèe fàan òok-káy; yĕe-gà lĕong déem jòong.
9. Wŏng sèen-sàang tìng-yāt yīu fàan-hōei Jòong-gwōk.
10. Ngăw yīu hōk góng Gwóng-dòong wā*.

III. 'măai', to buy, and 'māai', to sell.

1. Nèe-gàan pō-tău* māai mùt-yé? Māai shùe.
2. Ngăw séong măai shùe. Hái bèen-dō măai shùe?

3. Kŏei māai-jáw kŏei gā chè.
4. Ngăw séong māai yàt gā chè.
5. Hái Jòong Sàan Dō yău hó dàw pō-tău* māai shùe.
6. Nèe-dèe sàang-gwáw m̀-hó; ngăw m̀-séong măai.
7. Nèe-gàan pō-tău* māai Jòong-mŭn bō-jée.
8. Kŏei măai-jáw hó dàw Jòong-gwōk shùe.
9. Kŏei măai-jáw yàt gàan tsáu-dēem.
10. Nèe-wāi* tsō sàang-yēe; kŏei māai chè.

IV. Telling the time.

1. Gáy-déem jòong?   Yàt déem.
2. Năy gáy-déem jòong sīk fāan?   Lōok déem.
3. Yĕe-gà gáy-déem jòong?   Yĕe-gà lĕong déem bōon.
4. Fày-gày gáy-déem jòong lăi?   Sàam déem sāy gāw tsēe.
5. Năy gáy-déem hōei Gáu-lŏong?   Ňg déem chàt gāw tsēe.
6. Ngăw yàt déem yàt gāw gwùt sīk ān-jāu.
7. Kŏei-dāy sūp déem sàam gāw gwùt lăi nèe-shūe.
8. Ngăw sūp-yàt déem sūp gāw tsēe lăi.
9. Yĕe-gà sūp-yàt déem lōok gāw tsēe.   M̆-hāi, sūp-yàt déem chàt.
10. Ngăw yàt déem lăi, kŏei lĕong déem lăi.
11. Ngăw-dāy chàt déem bōon sīk fāan.
12. Lăy sèen-sàang gáy-déem jòong sīk fāan? Bāat déem.

V. 'The man who . . .', the relative clause.

1. Chŭm-yāt lăi gáw-gāw yăn hāi Wŏng sèen-sàang. (The man who came yesterday was Mr. Wong.)

2. Chăw shŭen lăi Hèong Góng gáw-gāw hāi Lăy tāai-tāai*.

3. Yāu-bēen gáw-gàan m̀-hāi ngăn-hŏng, hāi hāy-yūen*.

4. Sìk góng Gwóng-dòong wā* gáw-gāw hāi Hăw sèen-sàang.

5. Hōei-jáw Yìng-gwōk dōok-shùe gáw-gāw hāi Jèong sèen-sàang.

6. Tsō sàang-yēe gáw-gāw hāi ngăw-gē păang-yău.

7. Sīng Lăy gáw-gāw hāi Măy-gwōk yăn.

8. Sīng Lăw gáw-gāw hāi m̀-hāi Jòong-gwōk yăn? Hāi.

9. Tái bō-jée nèe-gāw hāi hōk-sàang.

10. Lăi Hèong Góng dōok-shùe nèe-gāw hāi Lăy sèen-sàang.

11. Jà dìk-sée gáw-gāw sīng Jèong.

12. Chăw jáw-bēen gáw-gāw hāi ngăw-gē sèen-sàang.

13. Chăw fày-gày hōei Yìng-gwōk hāi Hăw tāai-tāai*.

14. Yău hāy-chè gáw-gāw hāi Wŏng sèen-sàang.

15. Hōei-jáw Măy-gwōk tsō sàang-yēe gáw-gāw hāi Lăw sèen-sàang.

VI. Practice with numbers one to twelve.

1. Yàt, yēe, sàam, sāy, ňg, lōok, chàt, bāat, gáu, sūp, sūp-yàt, sūp-yēe.

2. Năy yău gáy-dàw gāw hōk-sàang? Ngăw yău chàt gāw.

3. Wŏng sèen-sàang yău gáy-dàw gāw hōk-sàang? Kŏei yău sūp-yàt gāw.

4. Nèe-shūe yău gáy-dàw gāw yăn? Sūp-yēe gāw.

5. Yàt gāw sèen-sàang yău bāat gāw hōk-sàang.

6. Yău sūp-yàt gāw hōk-sàang hōei Yìng-gwōk dōok-shùe.

7. Nèe-tǐu lō yău gáy-dàw gàan pō-tău*? Sūp-yēe gàan.

8. Gùm-yāt yău lěong gāw hōk-sàang hōei Sìng-gā-bàw.

9. Yàt gā chè, lěong jēk shŭen, sàam gàan fŏng*, sāy gàan tsáu-dēem, ňg gàan pō-tău*, lōok gàan hāy-yūen*, chàt gàan tsáu-gà, bāat tǐu lō, gáu tǐu dō, sūp gāw Yìng-gwōk yăn, sūp-yàt gāw Mǎy-gwōk yăn, sūp-yēe gāw Jòong-gwōk yăn.

10. Yàt gāw, lěong gāw, sàam gāw, sāy gāw, ňg gāw, lōok gāw, chàt gāw, bāat gāw, gáu gāw, sūp gāw, sūp-yàt gāw, sūp-yēe gāw.

11. Yàt, yēe, sàam, sāy, ňg, lōok, chàt, bāat, gáu, sūp, sūp-yàt, sūp-yēe.

VII. 'jòong-yēe, to like, to like to.

1. Ngăw jòong-yēe hōei.

2. Ngăw-dāy ṁ-jòong-yēe dōok-shùe.

3. Bèen-gāw jòong-yēe dōok-shùe? Lǎy sèen-sàang jòong-yēe.

4. Ngăw-dāy jòong-yēe chăw shŭen; kŏei-dāy jòong-yēe chăw fày-gày.

5. Jèong tāai-tāai* jòong-yēe tái bō-jée.

6. Kŏei-dāy jòong-yēe tái hāy; ngăw ṁ-jòong-yēe.

7. Năy jòong-yēe Hèong Góng mā? Jòong-yēe.

8. Năy jòong-yēe ṁ-jòong-yēe kŏei? Ṁ-jòong-yēe.

9. Năy-dāy jòong-yēe tái hāy mā? Jòong-yēe.

More Practice

Read aloud and answer the following questions. Repeat the exercise many times, answering the questions in as many different ways as possible.

1. Năy-dāy gáy-déem jòong sīk ān-jāu?
2. Lăy sèen-sàang gáy-déem jòong sīk fāan?
3. Wŏng tāai-tāai* séong măai mùt-yĕ?
4. Năy-dāy séong hōei bèen-dō?
5. Nèe-gàan pō-tău* māai mùt-yĕ?
6. Nèe-tĭu hāi mùt-yĕ lō?
7. Năy jòong-yēe tái bō-jée mā?
8. Kŏei gáy-déem yīu fàan òok-káy?
9. Năy gáy-sĕe hōei tái hāy?
10. Năy yău mŏ chĕen*? Yīn m̆-yīu hōei ngăn-hŏng?
11. Nèe-shūe yău mŏ ngăn-hŏng?
12. Gáw-tĭu lō yău gáy-dàw gàan tsáu-gà?
13. Hăw sèen-sàang yău gáy-dàw gàan pō-tău*?
14. Gáw-gāw nŏei-yăn tsō mùt-yĕ?
15. Năy séong m̆-séong hōei Hèong Góng?
16. Năy séong hōk mùt-yĕ?
17. Năy déem-yēong* fàan òok-káy?
18. Kŏei-dāy déem yēong* lăi Hèong Góng?
19. Năy jòong-yēe tsō mùt-yĕ?
20. Lăy sèen-sàang jòong-yēe dōok-shùe mā?

SHOPPING

1. Ā-Yìng! Ngăw-dāy chòot-gàai măai yĕ.
   A-Ying! We're going out shopping.

2. Năy-dāy fàan m̀-fàan lăi sīk ān?
   Are you coming back for lunch?

3. Fàan; ngăw-dāy yàt déem fàan-lăi sīk ān-jāu.
   Yes, we'll be back at one o'clock for lunch.

4. . . . Gáw-bóon shùe gáy-dàw chĕen*?
   . . . How much is that book?

5. Nèe-bóon Jòong-mŭn shùe?
   This Chinese book?

6. M̌-hāi, gáw-bóon Yìng-mŭn-gē.
   No, that English one.

7. Nèe-bóon sūp-sāy mùn.
   This book's fourteen dollars.

8. Gūm gwāi ā!
   So dear!

9. M̌-hāi gwāi; hó pĕng-gē jè.
   It isn't dear. It's very cheap.

10. Ngăw m̀-măai. Nèe-jèe bùt gáy-dàw nè?
    I don't want it. How much is this pen?

11. Nèe-jèe mūk-sóei bùt chàt mùn.
    This pen is seven dollars.

12. Hó, ngăw măai lĕong jèe.
    All right, I'll buy two.

13. Ōy m̀-ōy yŭen-bùt nè?
    Do you want a pencil?

14. M̌-ōy. Ngăw yīu măai dèe jée. Nèe-dèe gáy-dàw?
    No, I don't. I want to buy some paper. How much is this?

15. Sàam gāw chàt ňg-sūp jèong. Nǎy ōy gáy-dàw jèong?

Three dollars seventy for fifty sheets. How many sheets do you want?

16. Ngǎw yīu yàt bāak jèong. Dò yīu yàt bō bó.

A hundred. And I want a note-book.

17. Nèe-bō bó sāy hǒ jée. Ōy ǐm-ōy?

This one's forty cents. Do you want it?

18. Ǐm-ōy. Gáw-bō nè?

No. And that one?

19. Gáw-bō pěng-dèe. Sàam hǒ jée yàt bō. Ōy ǐm-ōy?

That one's cheaper, thirty cents. Do you want it?

20. Yīu. Ngǎw yīu lěong bō. Hūm-bā-lāang gáy-dàw chěen*?

Yes, I want two. How much is that altogether?

21. Lěong jèe mūk-sóei bùt sūp-sāy mùn, yàt bāak jèong jée chàt gāw sāy, lěong bō bó lōok hǒ jée, hūm-bā-lāang yēe-sūp yēe mùn.

Two pens fourteen dollars, one hundred sheets of paper seven forty, two note books sixty cents, altogether twenty-two dollars.

22. Nèe-shūe sàam-sūp mùn.

Here's thirty dollars.

23. Ngǎw báy-fàan bāat mùn nǎy. Dàw-tsè, dàw-tsè. Tsóy-gēen.

I give you back eight dollars. Many thanks. Goodbye.

24. Tsóy gēen . . . Ngǎw séong mǎai dèe fà. Nèe-dèe gáy-dàw chěen*?

Goodbye . . . I want to buy some flowers. How much are these?

25. Nèe-dèe hǒong-sìk-gē? Nèe-dèe sàam hǒ jée yàt jèe.

These red ones? They are thirty cents each.

26. Hó gwāi. Gáw-dèe bāak-sìk-gē nè?

Very dear. And the white ones?

27. Gáw-dèe pěng-dèe. Lěong hǒ jée yàt jèe.

They're cheaper. Twenty cents each.

28. Ngăw jòong-yēe dèe
bāak-sìk-gē. Báy lōok
jèe ngăw. Gāw yēe mā?
Nèe-shūe lĕong mùn.

I like the white ones. Give
me six. One twenty? Here's
two dollars.

29. Ngăw báy-fàan bāat hŏ
năy. Nèe-gāw yūet dèe
fà tsōei lēng. Hái Hèong
Góng sūp-yàt yūet dèe
fà tsōei dàw.

Eighty cents change. This
month the flowers are most
beautiful. In Hong Kong
flowers are most plentiful in
November.

Vocabulary

1. Ā   a common prefix to personal names in addressing
   servants, children and familiars.
2. Yìng   çommon name for girls (*lit.* 'brave'), as in
   'Yìng-gwōk', Lesson 1.
3. chòot-gàai   to go out (*lit.* 'go out street').
4. bóon   classifier for book.
5. -gē   one (see Notes).
6. gwāi   dear, expensive. (Lesson 3, Vocabulary 3).
7. pĕng   cheap.
8. jèe   classifier for pens, etc.
9. bùt   writing instrument.
10. mūk-sóei   ink.
11. mūk-sóei-bùt   pen.
12. yŭen   lead.
13. yŭen-bùt   pencil.
14. ōy   to want, like, love.
15. dèe   some, the plural classifier.
16. jée   paper, classifier 'jèong'.
17. bó   note-book, classifier 'bō'.
18. yàt hŏ jée   ten cents (*lit.* number one paper).
19. hūm-bā-lāang   all, altogether.
20. sūp-sāy   fourteen.
21. yēe-sūp   twenty.
22. sàam-sūp   thirty.

23. báy   to give, báy-fàan to give back.
24. fà   a flower, classifier 'jèe'.
25. hǒong   red, hǒong-sìk red colour.
26. bāak   white, bāak-sìk white colour.
27. yūet   month, classifier 'gāw'.
28. sūp-yàt yūet   November.
29. sūp-yēe yūet   December.
30. tsōei   superlative prefix.

Notes

1. The prefix 'Ā' is used in addressing servants, children and other familiars. It is not used by Northern Chinese and even among the Cantonese its use is restricted. Among educated people who are on friendly terms it is customary to use the given names without the prefix 'Ā'.

The Chinese surname comes first. The given name may consist of two words, or characters, or one, the former being the more common practice today. Unlike the Western way of choosing a name from a limited stock the meanings of which are usually unknown or forgotten (John, Mary, William, etc.) the Chinese choose given names at will from an almost unlimited vocabulary, selecting those which have the attributes they would like their children to possess or with some literary or historical allusion.

2. The word 'chòot'—like 'fàan'—is usually joined to another verb, namely 'hōei', to go, and 'lǎi', to come. This expression 'chòot-gàai' meaning literally 'go out street' is very common. An alternative is 'hōei-gàai'—'to go street'.

The pronunciation of 'chòot' is rather difficult. It almost rhymes with 'soot' but is less rounded.

3. In Sentences 2 and 3 note the use of 'fàan' with and without its co-verb, in this case 'lǎi'.

4. 'To have lunch' can be rendered by 'sĭk ān' or 'sĭk ān-jāu'. 'Ān-jāu' by itself means noon.

5. Sentence 8 'gwāi' is here used in the sense of expensive. Cf. Lesson 3, Vocabulary 3.

6. The possessive suffix '-gē' is used frequently to render 'one' or 'ones'. (Sentences 6, 25, 26, 28.) It is a logical and simple usage as can be seen from the example 'ngăw-gē', mine or my one.

7. The plural classifier 'dèe' is sometimes used for 'some' as in Sentence 14. It also stands for 'the' before plural nouns when not preceded by a modifier or numeral, as with all classifiers in the singular. Examples:

> Ngăw ōy dèe fāan   I want some rice.
> Dèe fāan m̆-hó   The rice isn't good.

8. The extraordinary three-syllable word 'hūm-bā-lāang' (Sentence 20), meaning 'all' is said to be a non-Chinese loan word from an aboriginal language of South China, but it is more likely from 'pidgin' English 'all-belong'.

9. In Chinese the direct object comes before the indirect. (Sentences 23 and 29.) In English we say: 'I give you the book' but in Chinese it goes: 'Ngăw báy bō shùe năy'.

10. Sentence 29 gives examples of the word for 'month' which is the same as for 'moon'. The old Chinese calendar is lunar. It is still used for festivals such as Chinese New Year. The names of the months are simply 'yàt yūet', 'yĕe yūet', 'sàam yūet' and so on to December, the twelfth month.

Drill

I. 'Fàan' with and without co-verbs; also with 'báy', to give.

   1. Ngăw tìng-yāt fàan-lăi; kŏei gùm-yāt fàan.
   2. Lăy sèen-sàang yīu fàan-hōei Yìng-gwōk; ngăw m̀-fàan.
   3. Kŏei fàan-jáw hōei, fàan-jáw òok-káy.
   4. Kŏei fàan-jáw hōei Sìng-gā-bàw māy? Fàan-jáw hōei.
   5. Năy gáy-déem jòong fàan-lăi? Ngăw sàam déem jòong fàan.
   6. Năy fàan m̀-fàan òok-káy sīk fāan? Fàan.
   7. Chéng báy-fàan gáw bóon shùe ngăw.
   8. Ngăw yīu báy fàan dèe chĕen* kŏei.
   9. Báy-fàan jèe bùt Lăy sèen-sàang.
  10. Ngăw m̀-báy-fàan dèe chĕen* năy.

II. The suffix '-gē' meaning 'one' or 'ones'.

   1. Ngăw jòong-yēe bāak-sìk-gē; kŏei ōy hŏong-sìk-gē.
   2. Nèe-gā hŏong-sìk-gē hāi ngăw-gĕ (referring to 'car' or other vehicle).
   3. Gáw-gā bāak-sìk-gē hāi Lăy sèen-sàang-gē.
   4. Gáw-bóon hŏong-sìk-gē hó gwāi.
   5. Nèe-gàan dāai-gē hāi Wŏng sèen-sàang-gē.
   6. Nèe-dèe lēng-gē hó gwāi.

III. Money.

   One dollar 'yàt mùn' or 'yàt gāw ngăn-chĕen*'.
   Ten cents 'yàt hŏ jée'.
   One cent 'yàt gāw sèen' (loan word).
   yàt hŏ 10c.   sāy hŏ 40c.   chàt hŏ 70c.

lĕong hŏ	20c.	ňg hŏ	50c.	bāat hŏ	80c.
sàam hŏ	30c.	lōok hŏ	60c.	gáu hŏ	90c.

yàt mùn $1
yàt gāw ngăn chĕen*
$1 to $2:
yàt mùn or yàt gāw ngăn chĕen* $1.
yàt gāw yàt (hŏ jée) $1.10.

But more commonly as follows:

gāw yàt	$1.10	gāw lōok	$1.60
gāw yēe	$1.20	gāw chàt	$1.70
gāw sàam	$1.30	gāw bāat	$1.80
gāw sāy	$1.40	gāw gáu	$1.90
gāw bōon	$1.50	lĕong mùn or lĕong gāw ngăn chĕen*.	
lĕong gāw yàt	$2.10	sàam gāw chàt	$3.70
lĕong gāw yēe	$2.20	sàam gāw bāat	$3.80
lĕong gāw sàam	$2.30	sàam gāw gáu	$3.90
lĕong gāw sāy	$2.40	sāy mùn	$4.00
lĕong gāw bōon	$2.50		

Practice with money

1. Nèe-dèe gáy-dàw chĕen*? Sūp sàam gāw chàt.
2. Nèe-bóon shùe gáy-dàw? Yēe-sūp gāw bōon.
3. Nèe-dèe gáy-dàw? Nèe-dèe hó pĕng, sàam mùn yàt bóon.
4. Gáw-dèe fà gáy dàw chĕen*? Sāy hŏ jée yāt jèe.
5. Nèe-jèe yŭen-bùt gáy-dàw chĕen*? Bāat hŏ jée.
6. Nèe-jèe mūk-sóei-bùt nè? Lōok gāw sāy.
7. Nèe-bóon Yìng-mŭn shùe gáy-dàw? Sūp-sāy gāw bōon.
8. Dèe hŏong-sìk fà gwāi ḿ-gwāi? Ḿ-gwāi, lōok jèe sàam gāw lōok.

9. Dèe bāak-sìk fà lōok jèe sāy gāw yēe.
10. Chăw bà-sée hōei gáy-dàw chĕen*? Lĕong hŏ jée.
11. Chăw dìk-sée nè? Sàam gāw bāat, hó gwāi.
12. Nèe-jèong bō-jée gáy-dàw? Sàam hŏ jée.

$10 to $100.

sūp mùn	lōok-sūp mùn
yēe-sūp mùn	chàt-sūp mùn
sàam-sūp mùn	bāat-sūp mùn
sāy-sūp mùn	gáu-sūp mùn
ňg-sūp mùn	yàt bāak mùn

IV. Numbers 100 to 200 at intervals of 10.

yàt bāak	bāak sāy	bāak bāat
bāak yàt	bāak ňg	bāak gáu
bāak yēe	bāak lōok	yēe bāak
bāak sàam	bāak chàt	

Numbers 100 to 110.

Here is a *new word* not introduced in the Dialogue or the Vocabulary: lĭng nil, zero.

yàt bāak lĭng yàt	101	yàt bāak lĭng lōok	106
yàt bāak lĭng yēe	102	yàt bāak lĭng chàt	107
yàt bāak lĭng sàam	103	yàt bāak lĭng bāat	108
yàt bāak lĭng sāy	104	yàt bāak lĭng gáu	109
yàt bāak lĭng ňg	105	bāak yàt	110

Numbers 100 to 1000 by hundreds.

yàt bāak	lōok bāak
yēe bāak	chàt bāak
sàam bāak	bāat bāak
sāy bāak	gáu bāak
ňg bāak	yàt chèen

chèen—1000 is a new word, not given in the Dialogue or Vocabulary.

V. Months

yàt gāw yūet	one month		
nèe-gāw yūet	this month		
yàt yūet	January	chàt yūet	July
yēe yūet	February	bāat yūet	August
sàam yūet	March	gáu yūet	September
sāy yūet	April	sūp yūet	October
ǹg yūet	May	sūp-yàt yūet	November
lōok yùet	June	sūp-yēe yūet	December

Practice with Months

1. Ngǎw sàam yūet fàan hōei Yìng-gwōk.
2. Lǎy sèen-sàang ǹg yūet lǎi Hèong Góng.
3. Ngǎw-dāy gáu yūet yīu dōok-shùe.
4. Lōok yūet hái Yìng-gwōk yǎu hó dàw fà.
5. Sūp-yēe yūet mǒ fà.
6. Kǒei gáy-sěe lǎi?   Kǒei sàam yūet lǎi.
7. Nǎy gáy-sěe hōei Jòong-gwōk?   Ngǎw yēe yūet hōei.
8. Hǎw tāai-tāai* gáy-sěe fàan-lǎi?   Kǒei chàt yūet fàan.
9. Nèe-gāw hāi mèe-yé yǔet?   Nèe-gāw hāi sāy yūet.
10. Gáu-yūet dèe hōk-sàang yīu fàan-lǎi dōok-shùe.

VI. 'Give' with direct and indirect object.

1. Báy dèe chěen* ngǎw.
2. Báy gáw-bóon shùe Wǒng sèen-sàang.
3. Kǒei báy-jáw dèe fà Hǎw tāai-tāai*.
4. Chéng nǎy báy-fàan dèe chěen* ngǎw.
5. Ngǎw báy sāy mùn nǎy.

6. Ngăw yīu báy hó dàw chĕen* kŏei.
7. Báy gúw-búon shùe Wŏng sèen-sàang.
8. Báy nèe-jèe bùt Lăy sèen-sàang.
9. Báy dèe bāak-sìk fà ngăw.
10. Kŏei yīu báy yàt bāak mùn ngăw.

LEARNING CHINESE

1. Năy déem-gáai dōok Jòong-mŭn?

   Why are you learning Chinese?

2. Yàn-wāi hó yău yūng.

   Because it's very useful.

3. Hāi mā? Nèe-gàan hōk-hāau yău gáy-dàw gāw hōk-sàang?

   Really? How many students are there in this school?

4. Ngăw m̆-jèe. Ngăw gwóo yău chà-m̆-dàw sàam-sūp gāw hōk-sàang.

   I don't know. I think there are about thirty.

5. Năy wā hōk Jòong-mŭn năan m̆-năan nè?

   Do you think Chinese is difficult?

6. Hōk góng m̆-hāi sūp-fùn năan, dāan-hāi hōk sé tsēe hó năan.

   Learning to speak isn't very difficult; learning to write is very hard.

7. Hōk Yìng-mŭn yŏong-yēe m̆-yŏong-yēe nè?

   Is English easy?

8. M̆-hāi sūp-fùn yŏong-yēe.

   No, not very easy.

9. Năy wŏoi m̆-wŏoi sé Jòong-gwōk tsēe.

   Can you write Chinese?

10. Ngăw m̆-wŏoi dāan-hāi ngăw-gē păang-yău Lăw sèen-sàang wŏoi.

    No, but my friend Mr. Law can.

11. Kŏei sìk m̆-sìk tái Jòong-mŭn bō-jée?

    Can he read Chinese newspapers?

12. Māy; kŏei dōok-jáw
    Jòong-mŭn mŏ gáy nōy.
    Kŏei hó sìk góng
    Gwóng-dòong wā*.

Not yet; he hasn't studied
Chinese very long. He speaks
Cantonese very well.

13. Năy sìk m̆-sìk góng
    Gwōk-yŭe?

Can you speak Mandarin?

14. Síu, síu. Ngăw núm
    Gwōk-yŭe mŏ Gwóng-
    dòong wā* gūm năan.

Just a little. I think Man-
darin is not so difficult as
Cantonese.

15. Năy wā , Gwōk-yŭe
    yŏong-yēe gwāw
    Gwóng-dòong wā* nè?
    Déem-gáai?

You think Mandarin is easier
than Cantonese? Why?

16. Yàn-wāi Gwōk-yŭe mŏ
    gūm dàw yùm.

Because Mandarin hasn't so
many tones.

17. Yĕe-gà yău hó dàw Sài-
    yăn hōk Jòong-gwōk
    wā*.

There are many Westerners
learning Chinese now.

18. Hāi ā. Yĕe-gà hó dàw
    Măy-gwōk tŏong-măai
    Yìng-gwōk dāai-hōk
    gāau Jòong-mŭn.

Yes. There are many Ameri-
can and British Universities
teaching Chinese now.

19. Năy yīu hōk Gwóng-
    dòong wā* gáy-nōy?

How long will you study
Cantonese?

20. Lĕong sàam nĕen. Yàn-
    wāi ngăw m̆-hāi yāt-
    yāt dōok-shùe, sáw-yĕe
    ngăw hōk-dùk hó māan.

For two or three years. As
I am not studying every
day I learn very slowly.

21. Năy yĕe-gìng sìk góng
    hó dàw.

You can speak a lot already.

22. M̆-hāi, hó síu-gē jè.
    Gùm-yāt lăi-bāai gáy?
    Lăi-bāai ńg, hāi m̆-hāi?

No, just a little. What's
today? Friday?

23. M̆-hāi, gùm-yāt lăi-bāai
    sāy.

No, today's Thursday.

24. M̌-gán-yīu. Ngăw séong It doesn't matter. I would
    chéng ngăw-gē sèen- like to invite my teacher to
    sàang lăi-bāai lōok sīk a meal on Saturday.
    chàan.

Vocabulary

1. déem-gáai? why? (*lit.* 'how explain?').
2. yàn-wāi because.
3. yōong use, to use, yǎu yōong-useful.
4. jèe to know.
5. gwóo to think.
6. chà-m̀-dàw about, more or less (*lit.* 'differ not much').
7. năan difficult.
8. dāan-hāi but.
9. sé to write.
10. yǒong-yēe easy.
11. wǒoi to know how to.
12. Gwōk-yǔe Mandarin (*lit.* 'national language').
13. núm to think.
14. gwāw than, to cross.
15. yùm tone, sound.
16. Sài-yăn European, Westerner (*lit.* 'west-man').
17. dāai-hōk university (*lit.* 'great learning').
18. gāau to teach.
19. něen year.
20. yāt-yāt daily, every day.
21. sáw-yěe therefore.
22. yěe-gìng already.
23. lăi-bāai week, classifier 'gāw'.
24. lăi-bāai sāy Thursday.
    lăi-bāai ňg Friday.
    lăi-bāai lōok Saturday.
25. m̀-gán-yīu it doesn't matter.
26. sèen-sàang teacher.
27. chàan a meal.

Notes

1. The word-order in Sentence 1 differs from English with the subject, as always, coming first, not the question-word 'why?'.

2. Many Chinese words can be nouns, verbs or adjectives according to context. In Sentence 2 'yōong' is a noun meaning 'usefulness'. It is just as frequently the verb 'to use'. Note also the simple construction 'very have use'. This could also be 'yǎu hó dàw yōong' but it would not be so idiomatic.

3. 'Jèe' (Sentence 4) is the verb 'to know' of facts and events, not to know a person or place and not to know how to.

4. Also in Sentence 4 we have the very common expression for 'about', 'approximately' or 'more or less'. It is sometimes rendered 'chà-bùt-dàw', 'bùt' being the literary (and Mandarin) word for the negative 'm̌'.

5. 'Wā', to say, speak, is used in Sentence 5 meaning to think. This is paralleled in English with 'you would say . . .'. Two of the standard words for 'to think' in the sense of to have an opinion, not to ruminate, are introduced in this Lesson, viz. 'gwóo' and 'núm'.

6. Learn the expression 'mǒ gáy nōy' by heart (as in so many other instances) rather than puzzle out the meaning. The literal rendering 'not have quite long' is very clumsy and in any case the meaning is clear.

7. In Sentence 12 there is another good example of 'hó' (very) used before the verb as in Sentence 2. There it was 'very have use' and here it is 'very know how to speak'. Another simple, neat Chinese usage.

8. In Sentence 13 we translate 'Gwōk-yŭe' with some reluctance as Mandarin as this word harks back to the Ch'ing Dynasty (before the Revolution of 1911 when China became a Republic). In those days the officials of the Imperial Government were called Mandarins by foreigners. They could speak 'official language' (i.e. the Peking form of Northern Chinese) but 'Gwōk-yŭe', National language, is a modern term with a very different connotation. However, we will have to use the word Mandarin for want of another.

9. In Sentence 15 the comparative 'than' is introduced. Note that the adjective does not assume the comparative form. 'Better' is 'hó-dèe' but 'he is better than me' is simply 'kŏei hó gwāw ngăw'.

10. Sentence 20. There is no need for the word 'or' when we say 'two or three' in Chinese.

11. Sentence 20. The duplication of a word is sometimes, but not very often, the method of intensifying its meaning or, as in this case, rendering 'every' or 'each'—'yāt-yāt'— 'every day'.

12. Sentence 20. The Chinese find nothing redundant about the usage 'because . . . therefore'. The English rendering begins 'as' (because) but it omits 'therefore' in the second half of the sentence.

13. The word for a 'week' is 'lăi-bāai' which means 'ritual' (or 'ceremonial) worship'. The division of time into a seven day period is a Western arrangement; here its religious origin is revealed in the two Chinese words.

Drill

I. Why? . . . Because.
  1. Nǎy dèem-gáai lǎi Hèong Góng? Yàn-wāi ngǎw séong hōk Jòong-mǔn.
  2. Déem-gáai chǎw fày-gày hōei Yìng-gwōk? Yàn-wāi hó fāai.
  3. Déem-gáai nèe-gā chè hǎang-dùk gūm māan? Yàan-wāi m̀-hó.
  4. Déem-gáai hōk Yìng-mǔn? Yàn-wāi hó yǎu yōong.
  5. Déem-gáai gūm gwāi? Ngǎw m̀-jèe.
  6. Déem-gáai mǒ hōk-sàang? Yàn-wāi hōk-hāau hó gwāi.
  7. Kǒei déem-gáai yāt-yāt lǎi nèe-shūe? Yàn-wāi yīu mǎai yé.
  8. Déem-gáai fàan òok-káy? Yàn-wāi gnǎw yīu sīk fāan.
  9. Nǎy déem-gáai jòong-yēe kǒei? Yàn-wāi kǒei hó lēng.
  10. Nèe-dèe fà déem-gáai gūm gwāi ā? Ngǎw gwóo yàn-wāi yěe-gà hó síu fà.

II. 'not very long . . .'
  1. Nǎy lǎi-jáw gáy nōy? Mǒ gáy nōy.
  2. Nǎy hōk-jáw Gwóng-dòong wā* gáy nōy? Mǒ gáy nōy.
  3. Nǎy sìk Lǎy sèen-sàang hó nōy mā? M̌-hāi, mǒ gáy nōy.
  4. Kǒei hōei-jáw Mǎy-gwōk mǒ gáy nōy.
  5. Nǎy hái Hèong Góng hó nōy? M̌-hāi, mǒ gáy nōy.

III. 'chà-m̌-dàw'—about, approximately.

1. Yěe-gà gáy-déem jòong?   Chà-m̌-dàw yàt déem.
2. Năy măai-jáw gáy-dàw fà?   Chà-m̌-dàw yēe-sūp jèe.
3. Gáu-lǒong lǎy Hèong Góng gáy-yǔen?   Chà-m̌-dàw yàt Yìng lǎy.
4. Nèe-gàan hōk-hāau yǎu gáy-dàw gāw hōk-sàang?   Chà-m̌-dàw yàt bāak gāw.
5. Kǒei lǎi-jáw Sìng-gā-bàw gáy-nōy?   Chà-m̌-dàw sàam gāw yūet.
6. Lǎy sèen-sàang hōk-jáw Gwóng-dòong wā̄* gáy nōy?   Chà-m̌-dàw lěong něen.
7. Năy yīu jūe gáy-nōy?   Chà-m̌-dàw ňg gāw lǎi-bāai.
8. Jèong tāai-tāai* chéng gáy-dàw gāw yǎn lǎi sǐk chàan?   Chà-m̌-dàw yēe-sūp gāw yǎn.
9. Năy yǎu gáy-dàw bō̌ shùe?   Chà-m̌-dàw yàt bāak bō̌.
10. Năy sìk gáy-dàw Jòong-gwōk tsēe?   Hó síu, chà-m̌-dàw ňg sūp gāw.

IV. '. . . not . . . as . . .'

1. Gwōk-yǔe mǒ Gwóng-dòong wā̄* gūm năan.
2. Ngǎw mǒ kǒei gūm dāai.
3. Kǒei mǒ năy gūm lēng.
4. Nèe-dèe fà mǒ gáw-dèe gūm gwāi.
5. Chǎw shǔen mǒ chǎw fày-gày gūm gwāi.
6. Sìng-gā bàw mǒ Hèong Góng gūm dāai.
7. Yìng-gwōk mǒ Mǎy-gwōk gūm dāai.
8. Nèe-gā chè hǎang-dùk mǒ gáw gā gūm fāai.
9. Nèe-gàan tsáu-dēem mǒ gáw-gàan gūm lēng.
10. Hōk sé tsēe mǒ hōk góng gūm yǒong-yēe.

V. The comparative 'than'.

1. Kŏei dāai gwāw ngăw.
2. Nèe-gā chè lēng gwāw gáw gā.
3. Nèe-dèe fà gwāi gwāw gáw-dèe.
4. Nèe-gàan hōk-hāau hó gwāw gáw gàan.
5. Fày-gày hăang fāai gwāw shŭen.
6. Ngăw hōk Gwóng-dòong wā* māan gwāw kŏei.
7. Nèe-dèe sàang-gwáw pĕng gwāw gáw-dèe.
8. Yìng-gwōk wā* yău yōong gwāw Jòong-gwōk wā*.
9. Hōk sé tsēe năan gwāw hōk góng.
10. Nèe-dèe tsēe hó gwāw gáw-dèe.

VI. 'because . . . therefore'.

1. Yàn-wāi gùm-yāt lăi-bāai sáw-yĕe ngăw m̀-măai yé.
2. Yàn-wāi kŏei m̀-jòong-yēe tài hāy sáw-yĕe m̀-hōei.
3. Yàn-wāi hōk-hāau lăy nèe-dō hó yŭen sàw-yĕe ngăw chăw chè hōei.
4. Yàn-wāi kŏei yāt-yāt dōok-shùe sáw-yĕe hó sìk Jòong-mŭn.
5. Yàn-wāi chăw shŭen gwāi sàw-yĕe kŏei chăw fày-gày hōei.
6. Yàn-wāi kŏei gūm lēng dèe hōk-sàang jòong-yēe kŏei.
7. Yàn-wāi nèe-gàan pō-tău* gūm gwāi sáw-yĕe hó síu yăn lăi măai yĕ.
8. Yàn-wāi nèe-jèe bùt m̀-hó ngăw m̀-măai.
9. Yàn-wāi kŏei séong hōk Jòong-mŭn sáw-yĕe lăi nèe-dō dōok-shùe.
10. Yàn-wāi sìk hó dàw tsēe sáw-yĕe sìk tái bō-jée.

VII. The days of the week.

lăi-bāai yāt (or—lăi-bāai)	Sunday
lăi-bāai yàt	Monday
lăi-bāai yēe	Tuesday
lăi-bāai sàam	Wednesday
lăi-bāai sāy	Thursday
lăi-bāai ňg	Friday
lăi-bāai lōok	Saturday

1. Gùm-yāt lăi-bāai gáy?   Gùm-yāt lăi-bāai sàam.
2. Tìng-yāt lăi-bāai gáy?   Tìng-yāt lăi-bāai lōok.
3. Chŭm-yāt lăi-bāai gáy?   Chŭm-yāt lăi-bāai.
4. Lăy sèen-sàang lăi-bāai yàt lăi.
5. Hăw sèen-sàang lăi-bāai sāy hōei Măy-gwōk.
6. Ngăw lăi-bāai sāy hōei Gáu-lŏong.
7. Ngăw-dāy lăi-bāai lōok hōei tái hāy.
8. Gùm-yāt lăi-bāai ňg hăi m̆-hăi?   M̆-hăi, gùm-yāt lăi-bāai lōok.
9. Năy lăi-bāai sàam hōei mā?   M̆-hăi, ngăw lăi-bāai sāy hōei.
10. Lăi-bāai lōok yău hó dàw yăn hōei măai yé.

Practice with 'week'.

1. Yàt gāw lăi-bāai yău chàt yāt.
2. Nèe-gāw lăi-bāai ngăw hōei Sìng-gā-bàw.
3. Yàt gāw yūet yău sāy gāw lăi-hāai.
4. Ngăw lăi-jáw Hèong Góng sàam gāw lăi-bāai.
5. Lăy sèen-sàang lăi-jáw lĕong gāw lăi-bāai.
6. Nèe-gāw lăi-bāai ngăw m̆-hōei tái hāy.
7. Năy lăi-jáw Hèong Góng gáy-nŏy?   Lĕong gāw lăi-bāai.
8. Nèe-gāw lăi-bāai kŏei yīu dōok-shùe.

More Practice

Read aloud and answer in as many ways as possible.

1. Năy déem-gáai hōk góng Gwóng-dòong wā*?
2. Năy gwóo Gwōk-yŭe năan gwāw Gwóng-dòong wā* mā?
3. Bèen-gāw wŏoi góng Gwōk-yŭe?
4. Hái Yìng-gwōk yău mŏ hōk-hāau gāau Jòong-mŭn?
5. Nèe-gàan hōk-hāau yău chà-m̀-dàw gáy-dàw gāw hōk-sàang?
6. Năy jèe m̀-jèe nèe-dō yău gáy-dàw gāw hōk-sàang?
7. Wŏng sèen-sàang hāi m̀-hāi Sài-yăn?
8. Năy lăi-jáw nèe-shūe gáy-dàw nĕen?
9. Fày-gày gáy-déem jòong lăi?
10. Tìng-yāt lăi-bāai, năy hōci m̀ hōei hōk-hāau?
11. Năy hāi m̀-hāi dāai gwāw kŏei?
12. Yìng-mŭn yŏong-yēe m̀-yĕong-yēe nè?
13. Năy lăi-jáw hó nōy mā?
14. Năy yĕe-gìng sìk tái bō-jée, hāi m̀-hāi?
15. Năy déem-gáai chòot-gàai?
16. Kŏei chà-m̀-dàw gáy-déem fàan òok-káy?
17. Bèen-gāw wŏoi góng Gwōk-yŭe?
18. Hōk sé tsēe năan m̀-năan nè?
19. Năy wā mŏ gūm dàw hōk-sàang lăi; déem-gáai?
20. Hōk góng Yìng-gwōk wā* yău mŏ yōong?

LUNCH

1. Yúm bòoi chǎ là.	Have a cup of tea.
2. M̀-gòy. Nèe-dèe chǎ hó hó yúm.	Thanks. This tea is very good.
3. Gáy hó. Nèe-dèe hāi Jòong-gwōk chǎ. Hó hèong.	Quite good. It's Chinese tea, very fragrant.
4. Sĩk dèe déem-sùm là. Nǎy híu m̀-híu yōong fāai-tsée?	Have some 'deem-sum'. Can you use chop-sticks?
5. Híu, m̀-hāi gáy nǎan yōong.	Yes, they're not very difficult to use.
6. Yǎu hó dàw yēong* déem-sùm. Nǎy jòong-yēe mùt-yě?	There are many kinds of 'deem-sum'. What would you like?
7. Nèe-dèe hāi mèe-yě?	What are these?
8. Nèe-dèe hāi hà, gáw-dèe hāi jùe-yōok, gáw-bēen gáw-dèe hāi gài.	These are shrimps, that's pork and that over there is chicken.
9. Ngǎw jòong-yēe sĩk gài.	I would like chicken.
10. Ōy m̀-ōy fāan? Bāak fāan? Cháau fāan?	Would you like rice? Boiled rice? Fried rice?
11. Yàt wóon cháau fāan. Nǎy hāi m̀-hāi sěe-sěe lǎi nèe-shūe sĩk ān-jāu?	A bowl of fried rice. Do you always come here for lunch?
12. M̀-hāi, yǎu sěe fàan òok-káy, yǎu sěe hōei dāi-yēe gàan tsáu-gà.	No, sometimes I go home and sometimes I go to another restaurant.

13. Nèe-dèe sōong sūp fùn
    hó sīk.
    The food is very good.

14. Hó pǐng-sěong. M̌-hó
    hāak-hāy. Chéng sīk dèe
    chōy. Ōy-m̌-ōy tòng?
    Very ordinary. You are too
    kind. Have some vegetables.
    Would you like soup?

15. Ngǎw sīk-dùk hó báau.
    Nǎy sīk hó síu.
    I've really had enough.
    You have had very little.

16. M̌-hāi. Ngǎw yīu sīk
    dèe mēen. Wài! Fáw-
    gāy! Nìng yàt dēep
    mēen lǎi.
    Oh no. I'll have some noodles.
    Waiter! Bring a dish of
    noodles.

17. Ngǎw jōong ōy dèe
    chǎ . . . m̌-gòy. Èi-yā!
    Lěong déem jòong!
    Ngǎw yīu fàan sé-tsēe-
    lǎu.
    I would like some more
    tea . . . thank you. I say!
    It's two o'clock. I must go
    back to the office.

18. Fáw-gāy! Mǎai-dàan!
    Waiter! Bring the bill!

19. Dàw-tsē, dàw-tsē.
    Thank you very much.

20. M̌-hó hāak-hāy. Tsōy
    gēen.
    Not at all. Goodbye.

Vocabulary

1. yùm   to drink.
2. bòoi   a cup, classifier 'jēk'.
3. chǎ   tea.
4. hèong   fragrant, as in 'Hèong Góng'.
5. déem-sùm   savouries (*lit.* 'touch heart').
6. híu   to know how to.
7. fāai-tsée   chopsticks.
8. yēong*   sort, kind, manner.
9. hà   shrimps.
10. jùe-yōok   pork (*lit.* 'pig flesh'), classifier for pig—jēk.
11. gáw-bēen   over there.
12. gài   chicken, classifier 'jēk'.
13. bāak fāan   boiled rice (*lit.* 'white rice').

14. cháau   to fry.
    cháau fāan   fried rice.
15. wóon   a bowl, classifier 'jēk'.
16. sěe-sěe   always, frequently.
17. yǎu sěe   sometimes.
18. dāi-yēe   another, second.
19. sōong   food, dishes.
20. pǐng-sěong   ordinary.
21. hāak-hāy   ceremonious (*lit.* 'guest air').
22. chōy   vegetables, food.
23. tòng   soup.
24. báau   eaten to satisfaction.
25. mēen   noodles.
26. fáw-gāy   waiter, shop-assistant.
27. nìng   to bring, take.
28. dēep   a plate, dish, classifier 'jēk'.
29. jōong   still, yet.
30. sé-tsēe-lǎu   office (*lit.* 'write characters building').
31. mǎai dàan   bring the bill (*lit.* 'bring close bill'),
    classifier for 'dàan'—jèong.

Notes

1. There are many final particles in Cantonese. They usually have no meaning and are used for euphony as in Sentence 1 where 'là' makes the order 'drink a cup of tea' less abrupt but no less imperative.

2. In this Dialogue, Sentence 2 and others, there are many examples of the plural classifier 'dèe'. Note that it is used for some objects which are not plural such as 'tea'. In Sentence 4 'dèe' is used to mean 'some'.

3. Note how the Chinese say 'the tea is very good to drink'.

4. 'Déem-sùm', Sentence 4, is a typically Cantonese form of lunch. Meaning literally 'touch the heart' 'déem sùm' consists of a variety of small savoury dishes served in little round boxes carried in trays by waitresses who wander about the restaurant shouting their wares. The real names for 'déem-sùm' dishes are not given in this Lesson as they would be too advanced at this stage. Instead the words for some of the most important foods are introduced.

5. 'Cháau fāan' is not only fried rice; it includes small pieces of pork and possibly other things.

6. Note the use of hāi m̀-hāi' to convey the sense of 'is it the case that . . .' in Sentence 11. Also in this Sentence we have an example of the duplication of a word to intensify it, in this case to mean 'always' or 'frequently'. The word 'sěe' meaning 'time' was introduced in Lesson 2 in the compound 'gáy-sěe?', meaning 'when?'.

In the next Sentence, 12, 'sěe' occurs again, in the neat expression for sometimes—'yǎu sěe', literally 'have times' or 'there are times'.

7. Note how the word for 'second' or 'number two' is used for 'another' in Sentence 12.

8. In Sentence 14 the expression 'm̀-hó hāak-hāy' is very difficult to translate. It is sometimes rendered 'do not stand on ceremony' but we never say this in English now. It is best not translated at all and this goes for all conversation. You should speak and think in the language you are learning and should not put it into English even mentally unless you have to act as an interpreter.

This idiom also gives the first example of the most common form of the negative command—'don't', which is rendered simply by 'm̀-hó' plus a verb, although in this instance the verb is omitted.

9. Another untranslatable is found in Sentence 15—'ngăw sīk-dùk hó báau'—literally 'I eat get full'. Although impolite in English it is good manners in Chinese.

10. The verb 'nìng' needs either 'lăi' (come) or 'hōei' (go) after the object which is being brought—or taken. 'Nìng' is only used with objects which can be carried in the hands.

11. In Sentence 17 we meet the very useful word 'jōong' meaning 'still' used along with 'ōy' to render 'want more'. 'I still want some tea' is a logical way of putting it. It is closer to the English in the phrase 'kŏei jōong hái shūe'—'he is still here'.

Drill

    I. Various uses of 'hó'—'good', 'very'.

        (*a*) very.
          1. Kŏei hó lēng.
          2. Nèe-gàan hōk-hāau hó dāai.
          3. Nèe-dèe fà hó hèong.
          4. Nèe-bō shùe hó gwāi.
          5. Gáw-jēk gài hó pĕng.

        (*b*) good, well, all right.
          1. Nèe-gāw hōk-sàang hó, gáw-gāw m̀-hó.
          2. Nèe-gàan tsáu-gà m̀-hāi gáy hó.
          3. Bèen-gāw tsōei hó?　Ā Yìng tsōei hó.
          4. Ngăw lăi-bāai sāy lăi, hó m̀-hó?　Hó.
          5. Nèe-gā chè hăang-dùk hó hó.

        (*c*) with verbs.
          1. Nèe-dèe cháau fāan hó sīk.
          2. Nèe-dèe chă hó yúm.
          3. Yìng-mŭn hó yău yōong.

4. Ngăw jòong-yēe tèng kŏei góng, hó hó tèng.
5. Nŭy wā lēng m̀-lēng? Lēng, hó hó tái.
6. Nèe-dèe jùe-yōok m̀-hó sīk.
7. Kŏei sìk góng Gwōk-yŭe dāan-hāi kŏei-gē yùm m̀-hó tèng.
8. Lăy sèen-sàang hó sìk góng Gwóng-dòong wā*.
9. Kŏei hó wŏoi jà chè.
10. Ngăw hó jòong-yēe sīk Jòong-gwōk chàan.

(d) in the negative meaning 'don't'.

1. M̆-hó sīk nèe-dèe jùe-yōok yàn-wāi m̀-hó sīk.
2. M̆-hó góng Jòong-gwōk wā*, ngăw m̀-híu tèng.
3. M̆-hó tèng kŏei, kŏei m̀-hó yăn.
4. M̆ hó măai nèe-dèe gài . . . hó gwāi.
5. M̆-hó chăw shŭen hōei Măy-gwōk, chăw fày-gày hó-dèe.
6. M̆-hó hăang gūm fāai.
7. M̆-hó fàan òok-káy sīk fāan; nèe-shūe dèe déem-sùm hó hó sīk.
8. Yĕe-gà m̀-hó góng Yìng-mŭn; năy yīu sĕe-sĕe góng Gwóng-dòong wā*.
9. M̆-hó hōei gáw-gàan pō-tău*; dèe yĕ hó gwāi.
10. M̆-hó hāak-hāy.

II. Is it the case that . . .?

1. Năy hāi m̀-hāi lăi Hèong Góng tsō sàang-yēe? M̆-hāi, ngăw lăi dōok-shùe.
2. Kŏei-dāy hāi m̀-hāi hōk góng Gwōk-yŭe? M̆-hāi.
3. Năy hāi m̀-hāi măai sàang-gwáw? M̆-hāi, ngăw măai fà.
4. Năy hāi m̀-hāi jòong-yēe sīk déem-sùm? Hāi, ngăw jòong-yēe.

5. Năy hāi m̀-hāi jūe-jáw Hèong Góng hó nōy? Mŏ gáy nōy.
6. Năy hāi m̀-hāi lăi-bāai lōok báy chĕen*? Hāi, ngăw lăi-bāai lōok báy.
7. Ā Wŏng hāi m̀-hāi tsō fáw-gáy? Hāi, kŏei tsō fáw-gāy.
8. Kŏei hāi m̀-hāi sìk góng Yìng-mŭn? Hāi, kŏei sìk.
9. Năy-dāy hāi m̀-hāi lăi nèe-dō gēen Hăw sèen-sàang? Hāi.
10. Năy hāi m̀-hāi lăi nèe-gàan hōk-hāau dōok-shùe? Hāi, ngăw lăi dōok-shùe.

III. Uses of 'sĕe'—when, sometimes, always.

1. Năy gáy-sĕe lăi Sìng-gā-bàw? Ngăw chŭm-yāt lăi.
2. Kŏei yău sĕe hōei Hèong Góng, yău sĕe hōei Gáu-lŏong.
3. Ngăw yău sĕe sīk jùe-yōok, yău sĕe sīk gài.
4. Kŏei sĕe-sĕe lăi nèe-shūe tái shùe.
5. Ngăw sĕe-sĕe lăi nèe-gàan tsáu-gà sīk ān-jāu.
6. Kŏei gáy-sĕe măai fà? Yău sĕe lăi-bāai yàt, yău sĕe lăi-bāai sàam.
7. Lăy sèen-sàang gáy-sĕe lăi? Kŏei sĕe-sĕe dò lăi.
8. Hăw tāai-tāai* sĕe-sĕe dò hōei tsáu dēem yúm chă.
9. Nèe-dō sīk fāan yău sĕe gwāi yău sĕe pĕng.
10. Jèong tāai-tāai* sĕe-sĕe dò hōei gēen păang-yău.

(In Sentences 8 and 10 'dò' is added to 'sĕe-sĕe' to intensify it. See Lesson 2.)

IV. 'dèe', the plural classifier, used for 'the' and 'some'.

(a) the

    1. Dèe déem-sùm nèe-shūe hó hó sīk.
    2. Dèe fà gùm-yāt hó gwāi.
    3. Dèe hōk-sàang hó sìk góng Jòong-gwōk wā*.
    4. Dèe hà m̀-hāi sūp-fùn hó.
    5. Dèe chǎ hó hèong.
    6. Dèe hōk-sàang hūm-bā-lāang dò hāi Sài-yǎn.
    7. Dèe sai-mùn-tsái hó jòong-yēc tái hāy.
    8. Dèe cháau fāan sūp-fùn hó sīk.
    9. Dèe tsáu-dēcm hái Hèong Góng hó lēng.
  10. Dèe fáw-gāy m̀-sìk góng Yìng-gwōk wā*.

(b) some

    1. Sīk dèe cháau fāan là.
    2. Yǎu dèe hōk-sàang m̀-sìk góng Yìng-mǔn.
    3. Yǎu dèe hāi Jòong-gwōk yǎn, yǎu dèe hāi Sài-
       yǎn.
    4. Chéng sīk dèe mēen.
    5. Nìng dèe bùt tǒong jée lǎi.
    6. Nǎy ōy m̀-ōy mǎai dèe fà? Yīu.
    7. Ngǎw jòong-yēe sīk dèe sàang-gwáw.
    8. Nèe-gāw hōk-sàang yǎu dèe chěen*, gáw-gāw
       mǒ.
    9. Yǎu dèe Jòong-gwōk tsēe hó nǎan, yǎu dèe hó
       yǒong-yēe.
  10. Yǎu dèe hāy-chè hái nèe-tǐu lō.

V. 'nìng'—to bring or take.

    1. Nìng bòoi chǎ lǎi.
    2. Nìng sàam jèe bùt lǎi.
    3. Nìng nèe-bō shùe hōei gáw-shūe.
    4. Nìng nèe-dèe fà báy kǒei.
    5. Fáw-gāy, nìng dèe déem-sùm lǎi.

VI. 'jōong' meaning 'still' or 'more', i.e. additional, not comparative.

1. Ngăw jōong ōy dèe chă. (Sentence 17.)
2. Dèe hōk-sàang jōong hái shūe. (The students are still here.)
3. Lăy sèen-sàang jōong hái tsáu-dēem jūe.
4. Wŏng tāai-tāai* fàan-jáw òok-káy māy? Māy, kŏei jōong hái shūe.
5. Năy jōong yīu măai mùt-yĕ? (What *else* do you want to buy?)
6. Ngăw jōong yīu măai dèe jùe-yōok.
7. Jōong yău hó dàw fāan. (There is still plenty of rice.)
8. Jōong yău mŏ chĕen*? (Have you any money *left*?) Jōong yău.
9. Jōong yău mŏ chă? Jōong yău hó dàw.
10. Nèe-gāw hōk-sàang jōong yīu dōok-shùe. (This student wants *to go on* studying.)
11. Jōong yīu m̆-yīu chă? Jōong yīu.
12. Jōong yău mŏ fŏng*? Jōong yău yàt gàan.
13. Jōong yău mŏ sèen-sàang gāau Gwōk-yŭe? Jōong yău lĕong gāw.
14. Jōong yău hó dàw sāi-mùn-tsái mŏ hōk-hāau.
15. Kŏei hōei-jáw Jòong-gwōk māy? Māy, kŏei jōong hái Hèong Góng.

More Practice

Read aloud, answer questions, and make up two or three additional examples of the patterns in each sentence.

1. Ngăw jōong yīu yùm chă.
2. Dèe hōk-sàang hāi m̆-hāi Sài-yăn?
3. Yău sĕe dèe hōk-sàang m̆-lăi. Déem-gáai?
4. Wŏng tāai-tāai* sĕe seĕ hōei Wàan-tsái măai fà.
5. Năy hāi m̆-hāi yāt-yāt sīk déem-sùm?

6. M̌-hó sīk nèe-dèe gài. Déem-gáai?
7. Năy sīk-dùk báau m̄āy?
8. Dèe chă hèong m̌-hèong?
9. Năy jōong yău mŏ chěen*?
10. Kŏei-gē hāy-chè jōong hái-shūe.
11. Fáw-gāy, jōong yău mŏ tòng?
12. Dèe hōk-sàang hó m̌-hó?
13. Năy wŏoi m̌-wŏoi yōong fāai-tsée?
14. Kŏei hāi m̌ hāi sěe-sěe chăw fày-gày hōei Yìng-gwōk?
15. Năy yāt-yāt sīk gáy-dàw wóon fāan?
16. Năy jòong-yēe bāak fāan dīng cháau fāan?
17. M̌-hó góng Yìng-mŭn. Déem-gáai?
18. Fáw-gāy! Măai dàan! Gáy-dàw chěen*?
19. Dèe sōong hó m̌ hó sīk?
20. Hōk góng Jòong-gwōk wā* yău mŏ yōong?

INTERVIEW

1. Năy sīng mèe-yĕ?	What is your surname?
2. Ngăw sīng Chŭn.	My surname is Chun.
3. Năy gīu-tsō̄ mèe-yĕ mĕng*?	What are your 'given' names?
4. Ngăw gīu-tsō̄ Hō̄k-Mĭng.	My 'given' names are Hok-Ming.
5. Năy gáy-dàw sōei?	How old are you?
6. Ngăw yā̆-chàt sōei.	I am twenty-seven.
7. Năy hái bèen-dō̄ chòot-sāi?	Where were you born?
8. Ngăw hái Gwóng-jàu chòot-sāi.	I was born in Canton.
9. Năy gáy-sĕe lăi Hèong Góng?	When did you come to Hong Kong?
10. Ngăw yàt gáu ňg bāat nĕen lăi.	In 1958.
11. Năy gēet-jáw fùn mā̆y?	Are you married?
12. Gēet-jáw fùn sāy nĕen.	Yes, I got married four years ago.
13. Năy yău mŏ tsái-nŏei?	Have you any children?
14. Yàt gāw tsài, yàt gāw nŏei.	Yes, a boy and a girl.
15. Năy yĕe-gà tsō̄ mèe-yĕ sēe?	What are you doing now?
16. Ngăw hāi gāau-yŭen.	I am a teacher.
17. Hái bèen-shūe gāau-shùe?	Where are you teaching?

18. Hái yàt gàan jòong-hōk

In a middle school.

19. Năy gāau mùt-yĕ?

What do you teach?

20. Ngăw gāau Yìng-mŭn.

I teach English.

21. Yēen-tsōy séong tsō mùt-yĕ nè?

What do you want to do now?

22. Ngăw séong tsō bāy-shùe.

I want to become a secretary.

23. Năy yīu gáy-dàw sùn-sóei?

What salary do you want?

24. Yàt chèen mùn.

One thousand dollars.

25. Tāai dàw. Dáng yàt tsūn, ngăw yīu tèng dēen-wā*. Wái? Dèen-wāi* góng? . . . Ngăw m̆-dùk-hăan, dōei m̆-jūe. . . . Chŭn sèen-sàang, m̆-hó yēe-sēe. Năy wā yīu yàt chèen mùn? Ngăw báy chàt bāak ňg. Yŭe-gwáw năy tsō-dùk hó, wāak-tsé ngăw báy dàw-dèe. Hó m̆-hó?

Too much. Wait a moment. I must answer the telephone. Hullo, who's speaking? I'm sorry, I'm busy. I'm sorry, Mr. Chun. You said you wanted a thousand dollars? I'll give you seven hundred and fifty. If you do well perhaps I'll give you more. Is that all right?

26. Hó.

Yes.

27. Ngăw m̆-gāy-dùk mūn năy . . . năy sìk dá-tsēe mā?

I forgot to ask you . . . can you type?

28. Yàt dīng sìk. Ngăw gáy nĕen chèen hōk dá-tsēe.

Yes, of course. I learned to type a few years ago.

29. Chéng tái nèe-fòong sūhn . . . hāi Yìng-mŭn-gē. Năy mĭng m̆-mìng-bāak?

Please read this letter . . . it's in English. Do you understand?

30. Mǐng-bāak.   Yes, I do.
31. Hó là. Chéng nǎy sàam   Good. Come to work on
    yūet yàt hō lǎi tsō.   March first.

Vocabulary

1. Chǔn   a surname. (Pronunciation: rhymes exactly
   with 'gun'.)
2. gīu   to call, summon.
   gīu-tsō   to be called, named.
3. měng*   the 'given' name.
4. sōei   years (of age).
5. yā   twenty; alternative to 'yēe-sūp'.
6. chòot-sāi   to be born (*lit.* 'come out world').
7. Gwóng-jàu   Canton.
8. gēet-fùn   to get married.
9. chěen   before.
10. tsài-nǒei   children, sons and daughters.
11. tsái   a son; diminutive suffix.
12. nǒei   daughter, woman.
13. sēe   affairs, business.
14. gāau-yǔen   a teacher.
15. gāau-shùe   to teach (*lit.* 'teach books').
16. jòong-hōk   middle school.
17. yēen-tsōy   now, alternative to 'yēe-gà'.
18. bāy-shùe   a secretary.
19. sùn-sóei   a salary.
20. tāai   too; great.
21. dáng   to wait.
22. tsūn   a moment.
23. dēen-wā*   telephone (*lit.* 'electric speak').
24. bèen-wāi*?   who? Polite alternative to 'bèen-gāw?'.
25. m̌-dùk-hǎan   busy.
26. dōei m̌-jūe   I'm very sorry.
27. m̌-hó yēe-sēe   I'm sorry.

28. yŭe-gwàw   if.
29. gῆy   to remember.
30. dá-tsēe   to type (*lit.* 'strike characters').
31. yàt-dīng   certainly.
32. sūhn   a letter, classifier 'fòong'.
33. mĭng-bāak   to understand (*lit.* 'bright-white').
34. hō   a number, date.

Notes

1. Chinese Names. See Lesson 7, Note 1. Although we say: 'Ngăw sīng Wŏng, kŏei sīng Chŭn', we cannot use 'mĕng*' in the same way and must always use the verb to 'be called': 'Ngăw gīu-tsō Măy-yìng, kŏei gīu-tsō Lēen-wă'.

'Gīu-tsō' is a compound of 'gīu', to call, and 'tsō', to do.

2. Note that there are two words for 'year' in Chinese; 'nĕen' is the calendar year; 'sōei' is years of age.

3. To say 1967, 1973, etc., the Chinese, rather clumsily, give each digit (Sentence 10) or they may say 'one thousand nine hundred etc.'.

4. In asking a person if he or she is married (Sentence 11) the Chinese say 'Are you married *yet*', a presumption we would not make in English.

5. The word for 'ago'—'chĕen'—comes in the same place in the sentence as its English counterpart. Thus:

    sāy nĕen chĕen   four years ago.
    hó dàw nĕen chĕen   many years ago.

We will come to other uses of this word to render 'before' in a later Lesson.

6. We have already learned the word for children in Lesson 3—'sāi-mùn-tsái'. That is the general term. When referring to children of someone, i.e. sons and daughters, the expression in Cantonese is 'tsái-nŏei'. 'Tsái' is the word for a son but is also used frequently as a diminutive after a noun, e.g. 'Hèong Góng tsái'—little Hong Kong, the Chinese name for the fishing town of Aberdeen on the island of Hong Kong. 'Nŏei' by itself is the word for woman. To render 'girl' we say 'nŏei-tsái'. 'Boy' as opposed to 'son' is 'năam-tsái', 'năam' meaning 'male'.

7. In Sentence 17 the employer asks 'năy tsō mèe-yĕ sēe?'. This is more polite than the alternative 'năy tsō mèe-yĕ gòong?'. 'Sēe' means affairs and 'gòong', meaning work, has the connotation of manual labour.

8. The verb 'gāau'—to teach—prefers having an object as 'dōok' in 'dōok-shùe'. It thus means literally 'teach books'. To render 'What do you teach?', Sentence 19, the Chinese say 'teach what books?'. The same is done in 'What are you studying?'—'Năy dōok mèe-yĕ shùe?'.

9. Sentence 25. There are two ways of rendering 'too' in Cantonese:

    1. tāai plus adjective.
    2. adjective plus 'gwāw tău' (*lit.* 'across head').

'tāai' is the Mandarin usage which has influenced Cantonese in recent years and is now as common as the native form.

10. There are two ways to say 'sorry' in Cantonese, both illustrated in Sentence 25.

    1. dōei m̀-jūe   This is stronger than the other and has the sense 'I can't face you'.

2. m̄-hó yēe-sēe   This suggests some embarrassment
on the part of the speaker (*lit.* 'not
good meaning').

11. Sentence 27. Cantonese prefer to say 'I can't remember'
—'Ngăw m̄-găy-dùk' rather than 'I forget' though this is
also said.

12. The pronunciation of 'sūhn' in Sentence 29 is something
between 'oo' and 'u'. It has no equivalent in English.

Drill
I. Names.

1. Năy gwāi sīng?   Síu sīng Wŏng (polite form).
2. Kŏei sīng mùt-yĕ?   Kŏei sīng Chŭn.
   Năy nè?   Ngăw sīng Lăy.
3. Gáw-gāw nŏei-tsái gīu-tsō̄ mèe-yé?   Kŏei gīu-
   tsō̄ Ā Yìng.
4. Nèe-gāw năam-tsái gīu-tsō̄ mèe-yé mĕng*?
   Kŏei gīu-tsō̄ Ā Mǐng.
5. Năy gīu-tsō̄ mèe-yé mĕng*?   Ngăw gīu-tsō̄ Mŭn-
   sàan.

II. Age, years.

1. Năy gáy-sĕe chòot-sāi?   Ngăw yàt gáu sāy yàt
   nĕen chóot-sāi.
2. Ā Yìng gáy-dàw sōei?   Yēe-sūp sōei.
3. Kŏei yàt gáu sāy bāat nĕen chòot-sāi.
4. Lăy-sèen-sàang gáy-dàw sōei?   Kŏei yā-gáu
   sōei.
5. Ngăw yàt gáu ŏg lǐng nĕen chòot-sāi; ngăw
   chà-m̄-dàw yēe-sūp sōei.

III. 'chĕen'—ago.

1. Sàam nĕen chĕen ngăw hái Jòong-gwōk dōok-shùe.
2. Kŏei hōei-jáw Măy-gwōk lōok nĕen chĕen.
3. Hó dàw nĕen chĕen kŏei hái Hèong Góng tsō sēe.
4. Sāy gāw yūet chĕen kŏei hái nèe-shūe jūe.
5. Kŏei sàam gāw lăi-bāai chĕen gēet-jáw fùn.

IV. Teaching and studying.

1. Kŏei hāi gāau-yŭen.
2. Kŏei gāau shùe. Gāau mèe-yĕ shùe?
3. Kŏei gāau Jòong-mŭn. Ngăw gāau Yìng-mŭn.
4. Kŏei dōok-shùe. Dōok mèe-yĕ shùe?
5. Kŏei dōok Yìng-mŭn, ngăw dōok Jòong-mŭn.

V. Too. 'tāai' . . . and . . . 'gwāw-tău'.

1. Nèe-dèe gài tāai gwāi.
2. Gáw-dèe jùe-yōok gwāi gwāw-tău.
3. Jòong-gwōk tsēe yău tāai dàw.
4. Kŏei sēe-sĕe sĭk dàw gwāw-tău.
5. Nèe-gā chè hăang-dùk tāai māan.
6. Nèe-gàan hōk-hāau dèe hōk-sàang tāai dàw.
7. Ngăw gàan fŏng* dāai gwāw-tău.
8. Kŏei-gē sāi-mùn-tsái tāai dàw, chĕen* tāai síu.
9. Hōei Yìng-gwōk yŭen gwāw-tău.
10. Kŏei-gē sùn-sóei tāai síu.

VI. If.

1. Yŭe-gwáw yāt-yāt tèng Jòong-gwōk wā* hó yŏong-yēe hōk.
2. Yŭe-gwáw năy hōʋ Hèong Góng chéng hōei ngăw òok-káy.
3. Yŭe-gwáw Lăy sèen-sàang m̀-lăi ngăw mŏ hōk-sàang.
4. Yŭe-gwáw dèe fà tāai gwāi m̀-hó măai.
5. Yŭc-gwáw năy m̀-gāy-dùk măai sōong ngăw-dāy mŏ yĕ sīk.

More Practice

Read aloud and answer the following:

1. Năy gīu-tsō mèe-yĕ mĕng*?. . . . Năy-gē păang-yău nè?
2. Năy gēet-jáw fùn māy?. . . . Lăy sèen-sàang nè?
3. Năy gáy-dàw sōei? Năy tāai-tāai* tŏong-măai tsái-nŏei nè?
4. Bèen-wāi* hái Jòong-gwōk chòot-sāi? Năy nè?
5. Wŏng sèen-sàang gāau mèe-yĕ shùe? Lăy sèen-sàang nè?
6. Năy gāy-dùk m̀-gāy-dùk nèe-wāi* sècn-sàang? Kŏei sīng mèe-yĕ?
7. Năy gāy-dùk ngăw?. . . . Ngăw gīu-tsō mùt-yĕ mĕng*?
8. Yŭe-gwáw ngăw góng Gwóng-dòong wā* năy mĭng m̀-mĭng-bāak nè?
9. Wŏng tāai-tāai* wā m̀-hó măai dèe fà; déem-gáai?
10. Năy gáy-sĕe gēet-fùn? Hāi m̀-hāi sŭp nĕen chĕen?
11. Năy-gē bāy-shùe wŏoi m̀-wŏoi dá-tsēe?
12. Chéng hōei tèng dēen-wā*; bèen-gāw góng?
13. Năy hāi m̀-hāi sĕe-sĕe sé sūhn?
14. Nèe-fòong sūhn hāi Yìng-mŭn-gē; năy sìk m̀-sìk tái?

15. Jòong-gwōk shùe nǎan m̆-nǎan mǐng-bāak?
16. Nǎy tsō mèe-yě sēe? . . . Lǎy sèen-sàang nè?
17. Nǎy dùk hǎan m̆-dùk hǎan gēen ngǎw-gē pǎang-yǎu?
18. Wǒng sèen-sàang wā kǒei m̆-dùk hǎan; déem-gáai?
19. Dèe fà hāi m̆-hāi gwāi gwāw-tǎu?
20. Kǒei-gē sùn-sóei hāi m̆-hāi tāai dàw?

WEATHER

1. Gùm-yāt jùn hāi hó yēet.

   It's very hot today.

2. Hāi, chŭm-yāt lĕong-sóng-dèe yàn-wāi lōk yŭe.

   Yes, it was cooler yesterday because it rained.

3. Chŭm-yāt lōk hó dāai yŭe. Hèong Góng-gē tèen-hāy hāi gúm yēong*. Sāy ńg gāw yūet hó yēet, lĕong sàam gāw yūet hó lăang, sàam sāy gāw yūet nŭen-nŭen-dáy.

   There was very heavy rain yesterday. Hong Kong's weather is like that; four or five months very hot, two or three months very cold and three or four months fairly warm.

4. Chŭm-măan yàn-wāi gūm yēet, ngăw gòk-dùk hó ḿ-shùe-fōok. Hó năan fūn-gāu.

   Last night I felt very uncomfortable because of the heat. It was difficult to sleep.

5. Năy mŏ lăang-hāy?

   You have no air-conditioning?

6. Mŏ, ngăw séong măai yàt gā lăang-hāy gày. Năy gùm-yāt yău mŏ hōei dá-bàw?

   No, I would like to buy an air-conditioner. Did you play (foot) ball today?

7. Ngăw mŏ hōei, yàn-wāi yēet gwāw-tău.

   No, I didn't; it was too hot.

8. Hāi jùn-gē. Yēen-tsōy hó dāai fòong. Năy núm wŏoi m̆-wŏoi dá-fòong nè?

Indeed it was. It's very windy now. Do you think there will be a typhoon?

9. Ngăw núm m̆-wŏoi. Dèe fòong m̆-hāi sūp-fùn dāai.

I don't think so. The wind isn't terribly strong.

10. Năy yău mŏ hōei-gwāw Yìng-gwōk?

Have you ever been to England.

11. Ngăw māy hōei-gwāw. Năy nè?

No, have you?

12. Ngăw hōei-gwāw yàt chēe. Yìng-gwōk-gē tèen-hāy dōong gwāw Hèong Góng hó dàw.

I've been once. The weather in England is much colder than in Hong Kong.

13. Hāi mè? Yău mŏ lōk sūet?

Really? Does it snow?

14. Yău. Hái Bàk-gìng, Sēong-hóy dò yău sěe lōk-sūet.

Yes. It also snows in Peking and Shanghai sometimes.

15. Gáw-shūe yàt dīng yīu jēok hó dàw yèe-fōok, hāi m̆-hāi?

I suppose you need to wear a lot of clothes there?

16. Hāi, yīu jēok hó dàw sàam.

Yes, you do.

17. Chŭm-măan lōk dāai yŭe; ngăw-gē sàam hó sùp. Gùm-tsìu dò māy gòn.

It rained heavily last night; my clothes were very wet. They weren't dry this morning.

18. Tìng-tsìu yŭe-gwáw hó tèen, ngăw séong hōei dá-bàw.

If it's fine tomorrow morning, I'd like to play football.

19. Ngăw núm tìng-yāt yàt dīng hó tèen.

I think it's sure to be fine tomorrow.

Vocabulary

1. jùn   really, honest, real.
2. yēet   hot.
3. lĕong-sóng   cool.
4. lōk yŭe   to rain (*lit.* 'fall rain').
5. tèen-hāy   weather.
6. gúm-yēong*   like this, in this way.
7. lăang   cold.
8. nŭen   warm.
9. gōk-dùk   to feel, consider.
10. shùe-fōok   comfortable.
11. fūn-gāu   to sleep.
12. lăang-hăy   air-conditioning (*lit.* 'cold air').
    lăang-hăy gày   an air-conditioner (*lit.* 'cold air machine').
13. dá-bàw   to play a ball game (*lit.* 'strike ball') (loan word).
14. wŏoi   verb prefix to make future tense.
15. fòong   wind.
16. dá fòong   a typhoon (*lit.* 'strike wind').
17. chēe   time, occasion.
18. dōong   cold.
19. lōk-sūet   to snow (*lit.* 'fall snow').
20. Bàk-gìng   Peking.
21. Sēong-hóy   Shanghai.
22. jēok   to wear.
23. yèe-fōok   clothes.
24. sàam   upper garment, clothes.
25. sùp   wet.
26. tsìu   morning.
    gùm-tsìu   this morning.
27. gòn   dry.
28. hó tèen   fine, fine weather.

Notes

1. Sentence 1. The expression 'jùn hāi' is very useful and idiomatic. By itself it equals 'it's true', 'honestly'. Followed, as in this case, by an adjective we have 'it really is very . . .' In Sentence 8 there is another example, this time with the suffix '-gē' and the verb 'hāi' before, also meaning 'it's true'.

2. Sentences 2 and 3. 'To rain' in Cantonese is literally 'come down rain'. The same form is used for snow (Sentence 13). For 'heavy' rain the Chinese say 'big' rain. In Malaysia the Cantonese say 'lōk sóei', literally 'come down water'.

3. Sentence 3. To indicate 'fairly' or 'moderately' Cantonese sometimes doubles the adjective and adds the suffix '-dáy'. A good parallel is the English 'red-ish' which in Cantonese is 'hŏong-hŏong-dáy'.

4. Sentence 6. To render the question 'did you . . .?' the two verbs 'yău mŏ' are placed before the main verb. The answer 'I did' or 'I didn't' is made by 'yău' or 'mŏ' with the main verb repeated as in Sentence 7.

5. To play ball games is rendered simply by 'dá-bàw', 'bàw' being the loan word from 'ball'. There are, of course, particular words for the various games but this is enough for the present.

6. 'Wŏoi' Sentence 8. The future tense is usually indicated by a word of time such as 'tomorrow' without adding a prefix or suffix to the verb. Here, however, we have 'wŏoi' to render likelihood and in cases where there is no time word in the sentence.

7. In Sentence 8 we have one of the few examples of English borrowing from Chinese. 'Typhoon' is closer to 'dāai fòong'—big wind—than the actual phrase for a typhoon—'dá-fòong', meaning literally 'strike wind' but the two are so close that either could have been the origin.

8. Note the very important usage in Sentence 10 rendering the English 'have you ever . . .?'. An alternative form could be 'năy hōei-gwāw Yìng-gwōk māy?' but with the added connotation of 'yet'. This form of past tense is distinct from that made by the suffix '-jáw'. 'Hōei-jáw' would mean 'gone and not returned'. 'Hōei-gwāw', on the other hand, indicates that the person has gone and has come back again; he has had the experience of going, a sense which is inherent in the English 'have you ever . . .?'.

9. Sentence 12. There are two words for 'cold'. 'Lăang' is a little more 'literary' and is the word used in Mandarin and 'dōong' is more purely a Cantonese word.

10. Note in the same Sentence how the comparative is intensified: 'dōong gwāw Hèong Góng hó dàw'—'colder than Hong Kong very much', not the English word order 'very much colder than . . .'.

11. The expression 'is that so?' is rendered very neatly by 'hāi mè?'—Sentence 13.

Drill

I. 'jùn'—truly, really, it's true.

1. Jùn hāi hó lăang.
2. Jùn hāi hó gwāi.
3. Jùn hāi hó lēng. Hāi m̀-hāi jùn-gē? Hāi, hāi jùn-gē.

4. Lǎy sèen-sàang hó sìk góng Jòong-gwōk wā*.
   Hāi jùn-gē.
5. Nèe-bóon shùe yēe-sūp mùn; jùn hāi gwāi
   gwāw-tǎu.
6. Kǒei wā Lǎy tāai-tāai* sùp-fùn lēng. Hāi
   m̄-hāi jùn-gē? Hāi jùn-gē.
7. Jùn hāi hó dāai yǔe.
8. Dèe fà jùn hāi hó lēng.
9. Nèe-gāw yūet jùn hāi hó yēet.
10. Kǒei jùn hāi hó hó yǎn.

II. 'gōk-dùk'—to feel, consider.

   1. Ngǎw gùm-yāt gōk-dùk hó yēet.
   2. Nǎy gōk-dùk shùe-fōok m̄-shùe-fōok nè? Hó
      shùe-fōok.
   3. Ngǎw gōk-dùk Yìng-gwōk-gē tèen-hāy m̄-hó.
   4. Nǎy gōk-dùk déem-yēong*? Ngǎw gōk-dùk
      hó dōong.
   5. Lǎy sèen-sàang gōk-dùk hōk Jòong-mǔn hó
      nǎan.

III. 'yǎu mǒ' plus verb.

   1. Nǎy chǔm-yāt yǎu mǒ hōei tái hāy? Ngǎw
      mǒ hōei.
   2. Dèe hōk-sàang yǎu mǒ lǎi? Mǒ, kōei-dǎy mǒ
      lǎi.
   3. Ngǎw mǒ hōei yàn-wāi yēet gwāw-tǎu.
   4. Kǒei yǎu mǒ māai gā chè? Yǎu, kǒei māai-
      jáw gā chè.
   5. Lǎw sèen-sàang yǎu mǒ lǎi? Mǒ, kǒei mǒ lǎi.
   6. Kǒei mǒ báy chěen* ngǎw.
   7. Ā Yìng yǎu mǒ mǎai dèe fà? Yǎu, kǒei
      mǎai-jáw hó dàw.

8. Jèong tāai-tāai* yău mŏ yúm chă? Yău, kŏei yúm-jáw yàt bòoi.
9. Kŏei déem-gáai mŏ lăi? Yàn-wāi mŏ chĕen*.
10. Kŏei-dāy mŏ hōei hōk-hāan yàn-wāi lăang gwāw-tău.

IV. Use of '-gwāw' with verbs meaning 'have you ever . . .?'.

1. Năy hōei-gwāw Gwóng-jàu māy? Māy, ngăw māy hōei-gwāw.
2. Kŏei yău mŏ lăi-gwāw nèe-shūe? Lăi-gwāw lĕong chēe.
3. Năy yău mŏ chăw-gwāw nèe-gā chè? Māy.
4. Năy yău mŏ sīk-gwāw déem-sùm? Sīk-gwāw hó dàw chēe.
5. Năy yău mŏ tsō-gwāw nèe-dèe gòong? Māy, ngăw māy tsō-gwāw.
6. Gāw hōk-sàang tái-gwāw nèe-gāw tsēe māy? Tái-gwāw.
7. Năy yău mŏ chăw-gwāw fày-gày? Chăw-gwāw hó dàw chēe.
8. Kŏei yău mŏ dōok-gwāw shùe? Mŏ.
9. Wŏng-sèen-sàang hōei-gwāw Bàk-gìng māy? Māy.
10. Năy gùm-tsìu yău mŏ tái-gwāw bō-jée? Tái-gwāw.

V. 'Much' plus comparative adjective.

1. Kŏci dāai gwāw ngăw hó dàw.
2. Jòong-gwōk dāai gwāw Yìng-gwōk hó dàw.
3. Kŏei lēng gwāw ngăw hó dàw.
4. Chăw dìk-sée gwāi gwāw chăw bà-sée hó dàw.
5. Nèe-gā hāy-chè fāai-gwāw gáw-gā hó dàw.

VI. 'Yàt dīng'—certainly, 'yàt dīng yīu'—must.

1. Kŏei yàt dīng hó yău chěen*.
2. Ngăw yàt dīng yīu fàan òok-káy. Yēen-tsōy yàt déem jòong.
3. Kŏei yàt dīng lăi dōok-shùe.
4. Ngăw-dăy yàt dīng yīu tsō gòong.
5. Yàn-wāi gūm yēet kŏei-dăy yàt dīng hó m̀-shùe-fōok.
6. Kŏei yàt dīng sìk góng Gwōk-yŭe.
7. Ngăw-dăy yàt dīng yīu fàan-hōei Yìng-gwōk.
8. Năy yàt dīng yīu fūn-gāu.
9. Ngăw yàt dīng yīu hōk Jòong-mŭn.
10. Tìng-yāt yàt dīng hó tèen.

More Practice

Read aloud, answer questions and complete unfinished sentences.

1. Yìng-gwōk lăang m̀-lăang?
2. Năy gōk-dùk shùe-fōok m̀-shùe fōok? . . . Déem-gáai?
3. Yìng-gwōk dāai gwāw Hèong Góng. Jòong-gwōk . . .
4. Năy yău mŏ hōei-gwāw Măy-gwōk?
5. Yŭe-gwáw tìng-yāt hó tèen năy yīu tsō mèe-yĕ?
6. Năy nùm wŏoi m̀-wŏoi dá-fòong? . . . Gáy-sĕe?
7. Năy yău mŏ lăang-hāy-gày? . . . Déem-gáai?
8. Yău sĕe Hèong Góng hó yēet. Sìng-gā-bàw . . .
9. Năy yīu m̀-yīu fàan òok-káy? Yàt dīng . . . Déem-gáai?
10. Hōk-sàang yàt dīng yīu dōok-shùe. Sèen-sàang . . .
11. Chŭm-măan yău mŏ lōk yŭe?
12. Yìng-gwōk sĕe-sĕe hó lĕong-sóng. Hèong Góng . . .
13. Năy gōk-dùk déem-yēong*?
14. Hái Yìng-gwōk tèen-hāy hó m̀-hó?

15. Chŭm-măan hó năan fūn-gāu.   Yàn-wāi . . .
16. Jòong-gwōk dāai gwāw . . .
17. Jùn hāi hó yēet.   Ngăw yīu jēok . . .
18. Gùm-yāt lōk dāai yŭe.   Tèen-hāy sùp m̀-sùp?
19. Kŏei hōei-gwāw Măy-gwōk yàt chēe.   Năy nè?
20. Gùm-tsìu hó lăang; năy gōk-dùk déem yēong*?

FRIENDS AND RELATIONS

1. Jùn hāi hó nōy m̀-gēen. Năy hái bèen-shūe gūm nōy?

   What a long time since we met. Where have you been so long?

2. Hái Năam-gìng. Ngăw gāu-něen fàan-lăi Hèong Góng.

   In Nanking. I came back to Hong Kong last year.

3. Năy hái Năam-gìng tsō mùt-yĕ?

   What were you doing in Nanking?

4. Ngăw hōei gēen ngăw fōo-mŏ.

   I went to see my parents.

5. Lĕong gāw dò hó mā?

   Are they both well?

6. Fōo-chùn hó dāan-hāi mŏ-chùn yău bēng. Kŏei yēen-tsōy hó fàan-dèe. Năy fōo-mŏ nè?

   My father is well but my mother was ill. She is a little better now. How are your parents?

7. Ngăw mā-mà sáy-jáw, bā-bà jōong hái-shūe. Kŏei hó lŏ, bāat-sūp gáy sōei.

   My mother is dead; my father is still alive. He's very old now, over eighty.

8. Sēong-gāw lăi-bāai ngăw gēen-gwāw năy-gē sāi-ló. Kŏei wā gùm-něen wŏoi gēet-fūn.

   I saw your younger brother last week. He said he is getting married this year.

9. Hāi, tŏong yàt wāi* Chŭn síu-jé; ngăw m̀-gāy-dùk kŏei-gē mĕng*. Kŏei-dăy hā-gāw yūet gēet-fùn.

   Yes, to a Miss Chun; I forget her other names. They're getting married next month.

10. Ngăw dāai-ló ngàam-ngàam gēet-jáw fùn. Kŏei-gē tāai-tāai* hāi Lăw Hìng-mĭng-gē mōoi*.

My elder brother's just married. His wife is Law Hing-ming's younger sister.

11. M̆-hāi kŏei-gē mōoi*, hāi kŏei ā-jè. Hìng-mĭng hāi ngăw lŏ păang-yău. Kŏei chòot-nèen hōei Yìng-gwōk tsō sàang-yēe.

Not his younger sister, his elder sister. Hing-ming is an old friend of mine. He's going to England next year on business.

12. Ngăw hái Năam-gìng-gē sĕe-hāu gēen-gwāw Lău Wă chèong. Năy gāy-dùk m̆-gāy-dùk kŏei?

When I was in Nanking I saw Lau Wa-cheong. Do you remember him?

13. Gāy-dùk, kŏei yĕe-chĕen hái Hèong Góng tsō yèe-sàang.

Yes, he used to be a doctor in Hong Kong.

14. Hāi, hó dàw nĕen chĕen.

Yes, many years ago.

15. Năy déem-yēong* hōei Năam-gìng gā?

How did you go to Nanking?

16. Ngăw chăw fáw-chè hōei. Hāi hó shùe-fōok.

I went by train. It was very comfortable.

17. Fàan-lăi-gē sĕe-hāu nè?

And when you came back?

18. Ngăw chăw fày-gày fàan-lăi.

I came back by plane.

Vocabulary

1. Năam-gìng Nanking (*lit.* southern capital).
2. gāu-nĕen last year (*lit.* 'old year').
3. fōo-mŏ parents.
4. fōo-chùn father.
5. mŏ-chùn mother.

6. bēng   ill.
   yǎu bēng   to be ill.
7. hó-fàan   to get better, recover (*lit.* 'good return').
8. mā-mà   mother, colloquial Hong Kong term.
9. sáy   to die.
10. bā-bà   father, colloquial Hong Kong term.
11. lǒ   old.
12. sēong-gāw lǎi-bāai   last week.
    sēong-gāw yūet   last month.
13. sāi-ló   younger brother.
14. gùm-něen   this year cf. gùm-yāt   today.
15. síu-jé   Miss.
16. hā-gāw yūet   next month.
    hā-gāw lǎi-bāai   next week.
17. dāai-ló   elder brother.
18. ngàam-ngàam   just (of time).
    ngàam   right, correct.
19. mōoi*   younger sister.
20. ā-jè   elder sister.
21. chòot-něen   next year (*lit.* 'go-out year').
22. -gē sěe-hāu   when, at the time when.
23. yěe-chěen   formerly.
24. yèe-sàang   a doctor.
25. fáw-chè   a train (*lit.* 'fire vehicle').

Notes

1. In Sentence 1 the phrase 'hó nōy m̌-gēen' would be more grammatically correct as 'hó nōy mǒ gēen' to render 'it's a long time we *have not* met' but the form given is a correct idiomatic usage.

2. In Sentence 4 'ngǎw fōo-mǒ' could have included the possessive suffix thus—'ngǎw-gē fōo-mǒ'. The compound 'fōo-mǒ'—'father–mother'—is a neat one for 'parents'.

The full forms for 'father' and 'mother' are given in Sentence 6. These are the polite, somewhat literary, but very common forms. In Sentence 7 we have the very colloquial 'mā-mà' and 'bā-bà', borrowed from English and in common use in Hong Kong. The word 'mā' is, of course, Chinese but in its duplicated form and juxtaposed with the loan from English 'papa' it can be taken as a loan word. Compare also the word 'amah', a female servant, which is from the Chinese 'mā' but is only used by foreigners.

The two other words for 'father'—'lŏ-dāu'—and 'mother' —'lŏ-mŏ'—are rather rough and had better be avoided. 'Lŏ-dāu' means 'old bean' and 'lŏ-mŏ' 'old mother'.

3. In Sentence 6 'to recover', 'get better' is neatly and simply rendered by 'hó fàan'—literally 'good return' or 'well return'. By adding 'dèe' the idea that the recovery is only partial or slight is conveyed. Other examples of this idiom:

gùm-yāt yēet fàan-dèe	it's become slightly warmer again today.
gùm-yāt dōong fàan-dèe	it's a bit colder again today.

4. In Sentence 7 we have the word 'to die'. In fact the speaker in a case like this might have used the euphemism 'gwāw-jáw sùn', literally 'has crossed the body' but it is better to introduce the simple word before the more advanced idiom.

5. Also in Sentence 7 we have the expression 'to be still alive' rendered by the odd and simple phrase 'still here' or 'still with us'.

6. To say last week or last month (but not last year) Chinese say 'above week' and 'above month' (Sentence 8). Similarly next week and next month are 'below week' and 'below month'. In English we say 'down through the ages' and 'down to the present day' but we do not use the notion of 'up' in time past and neither up nor down for the time recently past or about to come. However, in Chinese the terms 'sēong-gāw' and 'hā-gāw' are only used for months and weeks, never for days or years.

7. In Sentence 10 we have the expression 'ngàam-ngàam' for just. The single word 'ngàam' means right or correct.

8. 'When' or 'at the time when' is here (Sentence 12) rendered in an odd manner, from an English point of view. The word(s) for 'time' is attached by the possessive '-gē' to the preceding clause, giving literally 'I in Nanking's time'. Another rendering could be 'ngăw hái Năam-gìng gáw-jūn-sĕe—literally 'I in Nanking that time'.

Drill

I. Last week and month and next.

1. Sēong-gāw lăi-bāai lōok ngăw hōei tái hāy.
2. Kŏei hāi m̀-hāi sēong-gāw lăi-bāai gēet-fùn?
3. M̀-hāi; kŏei hā-gāw lăi-bāai sàam gēet-fùn.
4. Năy gáy-sĕe lăi?   Sēong-gáw yūet.
5. Chŭn síu-jé hā-gāw yūet hōei Yìng-gwōk dōok-shùe.
6. Ngăw hā-gāw lăi-bāai yàt chăw fáw-chè hōei Gwóng-jàu.
7. Sēong-gāw yūet hó lăang, hā-gāw yūet m̀-wŏoi gūm lăang.
8. Sēong-gāw yūet dèe fà hó gwāi.

9. Ngăw sēong-gāw lăi-bāai ňg gēen ngăw mā-mà.
10. Ngăw-dāy hā-gāw lăi-bāai sàam chăw fày gùy hōei Sìng-gā-bàw.

II. Adjective plus 'fàan'.

1. Sēong-gāw lăi-bāai ngăw yău bēng; yĕe-gà hó fàan hó dàw.
2. Ngăw fōo-chùn yău bēng; yĕe-gà dò māy hó fàan.
3. Gùm-yāt dōong fàan-dèe.
4. Sēong-gāw lăi-bāai nŭen fàan hó dàw. Yĕe-gà hó yēet.
5. Dèe jùe-yōok mŏ gūm gwāi; pĕng fàan-dèe
6. Yàn-wāi gūm lăang dèe fà gwāi fàan hó dàw.
7. Năy tāai-tāai* hó fàan māy? M̌-gòy, kŏei hó fàan-dèe.
8. Kŏei yĕe-chĕen yău bēng; yēen-tsōy hó fàan.

III. Time when.

1. Ngăw hái Sìng-gā-bàw-gē sĕe-hāu mŏ gēen Lău sèen-sàang.
2. Tèen-hāy yēet-gē sĕe-hāu ngăw gōk-dùk m̌-shùe-fōok.
3. Ngăw sīk fāan-gē sĕe-hāu Wŏng síu-jé lăi ngăw oòk-káy.
4. Ngăw hái Jòong-gwōk-gē sĕe-hāu ngăw dōok-jáw Jòong-mŭn.
5. Kŏei ngàam-ngàam lăi Hèong Góng-gē sĕe-hāu fōo-chùn sáy-jáw.
6. Lăy sèen-sàang yău bēng-gē sĕe-hāu gōk-dùk hó năan dōok-shùe.
7. Ngăw hāi hōk-sàang-gē sĕe-hāu māy gēen-gwāw Hăw síu-jé.

8. Ngăw hái Yìng-gwōk tsō sàang-yēe-gē sĕe-hău
   m̆-sìk kŏei.
9. Ngăw hái Măy-gwōk-gē sĕe-hău hōk góng
   Jòong-gwōk wā*.
10. Kŏei hái jòong-hōk dōok-shùe-gē sĕe-hău, kŏei
    fōo-mŏ yĕe-gìng sáy-jáw.

IV. 'Formerly', 'used to', 'before'.

1. Kŏei yĕe-chĕen hái Hèong Gòng tsō sàang-yēe.
2. Ngăw yĕe-chĕen hái Gwóng-jàu sìk kŏei.
3. Ngăw yĕe-chĕen hó sìk góng Gwōk-yŭe; yĕe-gà
   m̆-gāy dùk.
4. Sàam gāw yūet yĕe-chĕen (or 'chĕen') ngăw yău
   bēng.
5. Hó nōy yĕe-chĕen kŏei hái Jòong-gwōk dōok-
   shùe.
6. Gáy-dàw nĕen chĕen?   Sūp gáy nĕen chĕen.
7. Wŏng sèen-sàang yĕe-chĕen yău hó dàw chĕen*;
   yĕe-gà mŏ.
8. Sàam gāw yūet chĕen kŏei lăi nèe-shūe tsō
   yèe-sàang.
9. Yĕe-chĕen yău mŏ hōk-sàang dōok Jòong-mŭn?
   Hó síu.
10. Hó nōy yĕe-chĕen kŏei lăi Hèong Góng tsō
    sàang-yēe.

V. Family words.

1. Ngăw fōo-chùn yĕe-gìng hó lŏ, chàt-sūp-n̆g
   sōei.
2. Ngăw fōo-mŏ dò hó lŏ.
3. Năy-gē bā-bà yĕe-chĕen tsō sàang-yēe, hăi
   m̆-hăi?

4. Hāi, hó nōy yĕe-chĕen. Năy dāai-ló gēet-jáw fùn gáy nōy?
5. Gēet-jáw fùn, sūp nĕen. Yău sàam gāw sāi-mùn-tsái.
6. Gáy-dàw gāw tsái, gáy-dàw gāw nŏei?
7. Lĕong gāw tsái, yàt gāw nŏei. Năy mā-mà hó mā?
8. Sēong-gāw lăi-bāai yău bēng. Yĕe-gà hó fàan, m̆-gòy.
9. Năy-gē mōoi* gáy-dàw sōei?
10. Sūp-chàt sōei; kŏei jōong hái jòong-hōk ʋʋok-shùe.
11. Năy ā-jè nè? Gēet-jáw fùn māy?
12. Ngăw ā-jè gēet-jáw fùn hó nōy.
13. Năy-gē tāai-tāai* gáy hó mā?
14. Gáy hó, yău sùm. Wŏng tāai-tāai* nè?
15. Ngăw tāai-tāai* dò hó, m̆-gòy.

More Practice

Read aloud and answer in at least four different ways the following 'when?' questions, as in the examples given.
1. Năy gáy-sĕe gēen kŏei?

   (a) Ngăw hái Yìng-gwōk-gē sčc-hău gēen kŏei.
   (b) Ngăw sēong gāw yūet gēen kŏei.
   (c) Ngăw sēong gāw lăi-bāai gēen kŏei.
   (d) Ngăw hó nōy yĕe-chĕen gēen kŏei.
   (e) Ngăw sàam nĕen chĕen gēen kŏei.

2. Năy gáy-sĕe gēet-fùn?
3. Lăy sèen-sàang gáy-sĕe lăi Hèong Góng?
4. Wŏng tāai-tāai* gáy-sĕe hōei Măy-gwōk?
5. Năy fōo-chùn gáy-sĕe sáy-jáw?
6. Hăw sèen-sàang gáy-sĕe măai gáw-gā chè?
7. Năy gáy-sĕe hōk góng Gwóng-dòong wā*?

8. Năy gáy-sĕe hōk jà chè?
9. Kŏei gáy-sĕe tsō sàang-yēe?
10. Năy gáy-sĕe hái Yìng-gwōk dōok-shùe.

Complete the following sentences.

Example:

Ngăw gēet-jáw fùn . . . (hó dàw nĕen chĕen).
Ngăw . . . gēet-jáw fùn (insert 'sàam nĕen chĕen')
                              (insert 'hó nōy yĕe-chĕen')
                              (insert 'sēong gāw yūet').

1. Ngăw hái Hèong Góng . . . māai-jáw nèe-gā chè.
2. Ngăw mā-mà sáy-jáw . . .
3. Lăy sèen-sàang . . . lăi Sìng-gā-bàw.
4. Wŏng tāai-tāai* . . . lăi-bāai hōei Năam-gìng.
5. Ngăw hái Hèong Góng . . . hōk Jòong-mŭn.
6. Kŏei . . . chĕen hōei Bùk-gìng.
7. Ngăw fōo-chùn . . . nĕen chĕen sáy-jáw.
8. Wŏng síu-jé . . . lăi-bāai sāy gēet-fùn.
9. Ngăw . . . m̀-gēen.
10. Kŏei hā- . . . hōei Gwóng-jàw.

HONG KONG

1. Hái Hèong Góng yǎu hó dàw sàan.

   There are lots of hills in Hong Kong.

2. Mǒ chāw. Hái Hèong Góng gāw hóy-dó dèe sàan hó gò. Hái Gáu-lǒong dèe sàan mǒ gūm gò.

   Yes, indeed. On the island of Hong Kong the hills are very high. They aren't such high hills in Kowloon.

3. Hèong Góng yǎu hó síu dāy-fòng háy òok, sáw-yěe háy-jáw gūm dàw gò lǎu. Sàan-déng dò yǎu gò lǎu.

   There's very little room in Hong Kong to build houses and so they've built so many high buildings. There are even high buildings on the Peak.

4. Hāi, dāy-fòng sāi, yǎn dàw.

   Yes, small space and lots of people.

5. Mǒ chāw. Nǎy hái bèen-shūe jūe?

   It's quite true. Where do you live?

6. Hái Wàan-tsái, yàt gàan hó gò-gē lǎu. Yǎu yēe-sūp chǎng. Ngǎw-dǎy hái sūp-chàt lǎu.

   In Wanchai in a very tall building. There are twenty storeys. We're on the seventeenth floor.

7. Hái Hèong Góng nǎam-bēen yǎu yàt dāat dāy-fòng gīu-tsǒ Hèong Góng-tsái, hāi m̌-hāi?

   On the south side of Hong Kong there's a place called Aberdeen, isn't there?

8. Hāi, gáw-shūe yǎu hó dàw shǔen-tsái. Yǎu hó dàw láw-yǔe-yǎn.

   Yes, there are many small boats there, and there are many fishermen.

9. Hèong Góng nǎam-bēen dò yǎu Sùm-sóei-wàan tǒong-mǎai Chéen-sóei-wàan. Gāw sěng-sěe hái bùk-bēen. Dòong-bēen, sài-bēen yǎu hó dàw hóy-dó.

Deep Water Bay and Re-pulse Bay are also on the south side. The city is on the north side. On the east and west there are many islands.

10. Gáw-gàan hāi mèe-yě?

What building is that?

11. Gáw-gàan hāi dāai-wōoi-tǒng. Hāu-bēen yǎu gáy gàan ngǎn-hǒng tǒong-mǎai tsáu-dēem. Dāai-wōoi-tǒng chěen-bēen yǎu hóy. Gwāw hóy hāi Gáu-Lǒong.

That's the City Hall. Behind there are several banks and hotels. The sea is in front of the City Hall. And across the water is Kowloon.

12. Yúm dàw yàt bòoi chǎ. Wài. Fáw-gāy! Dàw lěong bòoi chǎ.

Have another cup of tea. Waiter! Two more cups of tea.

13. Wǒng sèen-sàang góng báy ngǎw tèng kǒei yěe-gà hái Sà-tēen jūe.

Mr. Wong told me he is staying at Shatin now.

14. Hó yǔen. Kǒei yīu yàt-yāt gwāw hóy lǎi tsō-gòong.

That's very far. He'll have to cross the harbour every day to work.

15. Kǒei hái bèen-dō tsō-gòong?

Where does he work?

16. Hái Sēong-hóy ngǎn-hǒng.

In the Hong Kong and Shanghai Bank.

17. Nǎy tsēe-gáy hái bèen-dō jūe?

Where do you live yourself?

18. Hái Bùk-gōk.

At North Point.

19. Nǎy chǎw mèe-yě chè fàan òok-káy?

How do you get home?

20. Ngǎw chǎw dēen-chè.

By tram-car.

21. Năy chăw dēen-chè lău-
    sēong dīng-hāi lău-hā?

    Do you go upstairs or
    below?

22. Ngăw sĕe-sĕe chăw lău-
    sēong.

    I always go upstairs.

23. Hèong Góng yău hó
    dàw chè.

    There's a lot of traffic in
    Hong Kong.

24. Jùn hāi. Tāai dàw.

    Yes, too much.

Vocabulary

1. sàan   hill, mountain.
2. mŏ chāw   that's right, correct (*lit.* 'not have wrong').
3. hóy-dó   island (*lit.* 'sea island').
4. gò   tall, high.
5. háy   to raise, lift up, build.
6. lău   a building, classifier 'gàan'.
7. sàan-déng   summit of hill. In Hong Kong—The Peak.
8. chăng   storey, floor.
9. năam   south năam-bēen   southern part, place or
    direction.
10. Hèong-Góng-tsái   Aberdeen, a town on Hong Kong
    island (*lit.* 'little Hong Kong').
11. láw-yŭe-yăn   fisherman (*lit.* 'get-fish-man').
12. láw   to get, bring, take.
13. yŭe   a fish, classifier 'tĭu'.
14. Sùm-sóei-wàan   Deep Water Bay.
15. sùm   deep, profound.
16. chéen   shallow, simple.
17. sĕng-sĕe   city (*lit.* 'wall market').
18. bùk   north bùk-bēen   northern direction.
19. dòong   east.
20. sài   west.
21. dāai-wōoi-tŏng   assembly hall. In Hong Kong—the
    City Hall.
22. wōoi*   a society, meeting.

23. tǒng   a hall, classifier 'gàan'.
24. hāu-bēen   behind.
25. chěen-bēen   in front.
26. góng báy . . . tèng   to tell, inform.
    tèng   (*lit.* 'say give . . . hear').
27. Sà-těen   Shatin, a place in the New Territories of Hong Kong (*lit.* 'sandy fields)'.
28. Bùk-gōk   North Point, a place in Hong Kong.
29. dēen-chè   tram-car (*lit.* 'electric car').
30. lǎu-sēong   upstairs.
31. lǎu-hā   downstairs.

Notes

1. Sentence 2 'mǒ chāw' . . . This negative way of saying 'quite right'—(*lit.* 'not have wrong')—is very common. Another way of replying would simply have been 'hāi' or, with more emphasis, 'jùn hāi' as in Sentence 24.

2. In Sentence 2 there are two examples of the classifier used to mean 'the'—'gāw hóy-dó' (the island) and 'dèe sàan' (the mountains).

3. The simplicity of Chinese grammar is illustrated in Sentence 3. There are few prepositions. Here there is no need for an equivalent of 'to' in 'to build houses'. Similarly there is no need for an impersonal 'they' in 'they've built so many . . .' in the same Sentence. Economy and efficiency as well as simplicity is found in Sentence 4 in the four words 'dāy-fòng sāi, yǎn dàw', neater than the English equivalent.

4. Two examples of the diminutive suffix 'tsái', introduced in Lesson 9, are found in Sentences 7 and 8—'Hèong-Góng-tsái' and 'shǔen-tsái'. 'Tsái', meaning originally 'a son' or 'child', conveys a human and familiar sense to

the object which it qualifies, a connotation quite absent from the English adjective 'small' or 'little' used in translating the suffix.

5. The words for north—'bùk'—south—'năam'—east—'dòong'—and west—'sài' are never used by themselves but always combined with others. In the examples in Sentences 7 and 9 they are used as adjectives describing the word 'bēen' meaning direction or place. To render 'the North', 'the South', etc., indicating a broad expanse of country or region, not merely 'north side' or 'south side', Chinese uses the direction words with 'fòng', the second half of 'dāy-fòng' (Sentence 4) the word for 'place'. Thus:

bùk-fòng	the North	dòong-fòng	the East
năam-fòng	the South	sài-fòng	the West.

'He is a Northerner' (meaning a Northern Chinese) is therefore:

Kŏei hāi bùk-fòng yăn

Here are the names of Provinces in China which use these direction words, in each case coming after the noun.

Sàan-dòong (Shantung) meaning 'east of the mountains'.
Sàan-sài (Shansi) meaning 'west of the mountains'.
Séem-sài (Shensi) meaning 'west of the Shen Plain'.
Hăw-bùk (Hopei) meaning 'north of the (Yellow) river'.
Hăw-năam (Honan) meaning 'south of the (Yellow) river'.
Wŏo-bùk (Hupei) meaning 'north of the lake'.
Wŏo-năam (Hunan) meaning 'south of the lake'.
Wŭn-năam (Yunnan) meaning 'south of the clouds'.
Gwóng-dòong (Kwangtung) meaning 'broad east'.
Gwóng-sài (Kwangsi) meaning 'broad west'.

Yunnan, 'south of the clouds', is so named because it lies south of the large province of Szechuan (Four Rivers— Sāy-chùen) where clouds frequently gather over the mountains.

Here are two other examples, both rivers which run through Kwangtung Province:

sài-gòng, the West River (Si Kiang) which flows from Yunnan through Kwangsi and Kwangtung to Canton where it is called the Pearl River.

dòong-gòng, the East River which flows into the West River.

6. 'In front of', 'chĕen-bēen', and 'behind' 'hāu-bēen', are placed behind the objects to which they relate. (Sentence 11.) This is true of all other directional words as in Sentence 7 above.

7. In Sentence 12 the word 'dàw' (much, many) is used twice in a comparative meaning. This is only possible when some indication of how much more is required. 'Drink more tea' could be rendered 'yúm dàw-dèe chă' but in the dialogue the amount is indicated.

8. The simple English verb 'to tell', 'to inform' has a clumsy equivalent in Cantonese. (Sentence 13.) Three words are required instead of the one in English:

'góng báy . . . tèng'　　'say give (so-and-so) hear'.

Alternative and slightly less clumsy forms are:

'wā . . . jèe'　　'say (so-and-so) know'.
'góng . . . jèe　　'say (so-and-so) know'.

9. The word for tram-car in Hong Kong, 'dēen-chè', meaning 'electric vehicle' is used for a motor car in Singapore and Malaysia.

Drill

I. Directions.

1. Jòong-gwōk dòong-bēen yă23u hóy, sài-bēen yău sàan.
2. Kŏei hái dòong-fòng jūe-jáw hó nōy.
3. Gwóng-dòong bùk-bēen yău Wŏo-năam, sài-bēen yău Gwóng-sài.
4. Bùk-fòng yăn góng Gwōk-yŭe.
5. Hăw-bùk hái bèen-shūe? Hái Wŏng-hăw bùk-bēen.
6. Bùk-fòng hó lăang, năam fòng hó yēet.
7. Yìng-gwōk hāi hóy-dó; bùk-bēen, năam-bēen, dòong-bēen, sài-bēen dò yău hóy.
8. Bùk-fòng lăang, năam-fòng yēet.
9. Sàan-dòong, Sàan-sài dò hái bùk-fòng.
10. Gwóng-dòong, Gwóng-sài dò hái năam-fòng.

II. In front of, behind, above, below.

1. Tsáu-dēem hāu-bēen yău hó dàw pō-tău*.
2. Ngăn-hŏng chěen-bēen yău hó dàw chè.
3. Ngăw chăw chěen-bēen, chéng năy chăw hāu-bēen.
4. Ngăw-dăy òok-káy chěen-bēen yău yàt gàan hāy-yūen*.
5. Hāy-yūen* hāu-bēen yău yàt gàan gò lău.
6. Kŏei hái hā-bēen dáng năy.
7. Ngăw hái pō-tău* sēong-bēen jūe.
8. Ngăw-dăy-gē sé-tsēe-lău sēong-bēen yău yàt gàan tsáu-gà.
9. Dēen-chè lău-hā yău yăn tāai dàw.
10. Sàan sēong-bēen yău yàt gā fày-gày.

III. To tell, inform.

1. Ngăw góng báy năy tèng.
2. Góng báy Wǒng sèen-sàang tèng ngăw tìng-yāt m̆-lăi.
3. Kŏei góng báy ngăw tèng kŏei fōo-chùn sáy-jáw.
4. Chéng góng báy ngăw tèng déem-gáai mŏ lăi.
5. Sèen-sàang góng báy hōk-sàang tèng yīu yāt-yāt dōok-shùe.
6. Kŏei wā ngăw jèe.
7. Ngăw góng năy jèe; kŏei lăi-bāai sàam lăi.
8. Ngăw tìng-yāt góng báy năy tèng.
9. Kŏei chŭm-yāt wā ngăw jèe.
10. Kŏei góng báy ngăw tèng hā-gāw lăi-bāai hōei Măy-gwōk.

More Practice

Read aloud and answer in as many ways as possible:

1. Jòong-gwōk dòong-bēen yău mèe-yĕ?
2. Jòong-gwōk bùk-fòng lăang m̆-lăang?
3. Hái bùk-fòng kŏei-dāy góng mèe-yĕ wā*?
4. Hèong Góng-tsái hái bèen-shùe?
5. Gwóng-dòong hái Jòong-gwōk bèen-shùe?   Hái bùk-fòng?
6. Hóy hāi dāai-wōoi-tŏng hāu-bēen, hāi m̆-hāi?
7. Dāai-wōoi-tŏng chēen-bēen yău mŏ ngăn-hŏng?
8. Chăw dēen-chè lău-sēong shùe-fōok m̆-shùe-fōok?
9. Sàan hā-bēen yău mŏ gò lău?   Sàan-déng nè?
10. Sàan sēong-bēen yău mŏ dāy-fòng háy òok?
11. Déem-gáai háy gūm dàw gò lău?
12. Bèen-gāw góng báy năy tèng?
13. Năy góng bèen-gāw tèng?
14. Yìng-gwōk dèe sàan gò m̆-gò?
15. Gáw-gāw sàan hāu-bēen yău mèe-yĕ dāy-fòng?
16. Sìng-gā-bàw dāai m̆-dāai dāy-fòng?

17. Năy gàan òok yău gáy-dàw chăng lău?
18. Chăw bà-sée chĕen-bēen hó mā?
19. Năy hái dòong-fòng jūe-jàw gáy-nōy?
20. Yúm dàw yàt bòoi chă, hó mā?
21. Hèong Góng-tsái shŭen-tsái dàw m̀-dàw?
22. Hèong-Góng-tsái dèe yăn tsō mèe-yĕ gòong?
23. Hèong-Góng năam-bēen yău mèe-yĕ dāy-fòng?
24. Gwāw hóy yáu mèe-yĕ dāy-fòng?
25. Gáu-lŏong hāu-bēen yău mŏ sàan?

STUDENTS TALKING

1. Năy hái bèen-shūe dōok-shùe?

Where are you studying?

2. Hèong Góng Dāai-hōk. Năy nè?

Hong Kong University. And you?

3. Ngăw hái Hèong Góng Jòong-mǔn Dāai-hōk, Sùn Ā Shùe-yūen*.

At the Chinese University of Hong Kong, New Asia College.

4. Ngăw dōok yèe-hōk. Năy dōok mèe-yě?

I am studying Medicine. What are you doing?

5. Ngăw dōok Jòong-mǔn tǒong-mǎai Jòong-gwōk līk-sée. Ngăw-dǎy hā-gāw lǎi-bāai háau-sēe.

Chinese and Chinese History. We have exams next week.

6. Ngăw-dǎy hā-gāw yūet dò háau-sēe. Ngăw hó pā háau m̀-dó. M̀-gāu sěe-hāu hōk gūm dàw yě.

We have exams next month. I'm afraid I won't pass. There's not enough time to learn so much.

7. Năy m̀-sái pā, năy gūm chòong-mǐng. Năy yàt dīng háau-dó.

You needn't be afraid; you're clever. I'm sure you'll pass.

8. Hày-mōng háau-dó dāan-hāi wā m̀-dīng.

I hope so but it's not certain.

9. Năy gàan dāai-hōk dèe hōk-sàang dàw-sō hāi năam-tsái, hāi m̀-hāi?

Most of the students at your University are men, aren't they?

10. Dàw-sō hăi, bùt-gwāw
dò yău hó dàw nŏei-
tsái. Kŏei-dăy dàw-sō
dōok mŭn-hōk.

Yes, but there are a lot of
girls. Most of them study
Arts.

11. Sīk yèen?

Have a cigarette?

12. M̆-gòy, ngăw m̆-sīk. Ńăy
gāu m̆-gāu sĕe-hău yúm
bòoi gā-fè.

No, thanks, I don't smoke.
Have you enough time for a
cup of coffee?

13. M̆-gāu sĕe-hău. Ngăw
yīu hōei yèe-yūen*. Năy
nè?

No. I must go to the
hospital. What about you?

14. Ngăw yīu hōei tŏ-shùe-
gwóon.

I must go to the library.

15. Năy dāap bà-sĕe hōei
mā? Nèe-gāw sĕe-hău
hó năan dāap bà-sĕe;
yăn dàw. Yĕe-gà m̆-hó
hōei.

Are you going by bus? At
this time it's very difficult
to get on a bus; so many
people. Don't go now.

16. Ngăw jèe. Ngăw chŭm-
yāt dāap m̆-dó chè.
Bùt-gwāw mŏ fāat-tsée.
Ngăw yàt dīng yīu hōei.

I know. I couldn't get on
board yesterday. But it can't
be helped. I must go.

17. Năy gáy-sĕe bùt-yĕep?

When do you graduate?

18. Ngăw hày-mōng chòot-
nĕen.

Next year, I hope.

19. Ngăw jōong yău lĕong
nĕen. Ngăw bùt-yĕep
jèe-hău hày-mōng hōei
ngōy-gwōk dōok-shùe.
Hōei ngōy-gwōk dèe
hōk-sàang dàw-sō hōei
Yìng-gwōk tŏong-măai
Măy-gwōk.

I have two more years.
After graduating I hope to
study abroad. Most of the
students who go abroad
go to England and America.

20. Ngăw yĕe-gà tsáu là.

I'm off now.

21. Wài! Síu sùm! Yău chè   Be careful! There's a car
    lăi là.   coming.
22. Dàw-tsē. Jùn hāi hó   Thanks. It's very dangerous.
    ngăi-héem.
23. Yīu hó síu sùm hăang   You've got to be careful
    gwāw mă-lō.   crossing the road.

Vocabulary

1. Ā   contraction for 'Ā-jàu' Asia.
2. shùe-yūen*   college, school (*lit.* 'book institution').
3. yèe-hōk or yèe-fàw   the study of Medicine, cf. Lesson 11.
4. lĭk-sée   history.
5. háau-sēe   examination, to have an examination.
6. pā   to fear.
7. -dó   verb suffix to indicate accomplishment.
8. m̌-sái   there is no need.
9. chòong-mĭng   clever.
10. hày-mōng   to hope, hope (noun).
11. wā m̌-dĭng   can't be sure, can't say for certain.
12. dàw-sō   the majority, most.
13. mŭn-hōk or mŭn-fàw   humanities, Arts.
14. yèen   smoke, 'sĭk yèen' to smoke (*lit.* 'eat smoke').
15. gāu   enough.
16. gā-fè   coffee.
17. yèe-yūen*   hospital, classifier 'gàan' (*lit.* heal institution).
18. tŏ-shùe-gwóon   library (*lit.* 'collection-books-place'). classifier 'gàan'.
19. dāap   to travel by, to board, cf. 'chăw' Lesson 4.
20. m̌-hó   don't.
21. bùt-gwāw   but, only (*lit.* 'not beyond').
22. mŏ-fāat-tsée   it can't be helped (*lit.* 'there is no plan, way').

23. bùt-yēep   to graduate, complete a course of study, successfully.
24. -jèe-hāu   after, cf. Lesson 12.
25. ngōy-gwōk   abroad, a foreign country (*lit.* 'outside country').
26. tsáu   to go away, run.
27. síu sùm!   be careful! (*lit.* 'small heart').
28. ngǎi-héem   dangerous.
29. mǎ-lō   a main road (*lit.* 'horse road'). Classifier 'tǐu'.

Notes

1. Sentence 3. The usual way to render the adjective 'Chinese' is 'Jòong-gwōk' which is, of course, the noun for China ('Middle Country'). In this instance the term 'Jòong-gwōk' would give the sense of 'China University'; moreover the term 'Jòong-mǔn' is appropriate as it carries the sense of Chinese literature or culture. In Malaysia 'China' is often rendered by 'Tǒng-sàan', literally 'T'ang' (Dynasty) Mountain (or Land), now obsolete in China and Hong Kong. Similarly, in Malaysia, a Chinese person is 'Tǒng-yǎn' and Chinese language is 'Tǒng-wā*', expressions still used by less educated people in Hong Kong.

2. Sentence 3. The words for the five continents are derived from the first syllables of the English names plus the word 'jàu' which has the same sound as the 'jàu' in 'Gwóng-jàu' (Canton) but is written differently in Chinese. Here are the five Continents in Cantonese:

Ā-jàu	Asia	Fày-jàu	Africa
Āu-jàu	Europe	Ō-jàu	Australia
Mǎy-jàu	America		

3. In Sentences 6, 7 and 16 there are examples of the
verb suffix '-dó' which indicates accomplishment of the
action. This neat and useful device has no equivalent in
English. Here are some examples:

tèng-dó	to hear, i.e. to listen and hear
tèng m̀-dó	to listen but fail to hear
dāap-dó chè	to get on board a vehicle
dāap m̀-dó chè	to fail to catch a bus (or other vehicle)
háau-dó	to pass an examination
háau m̀-dó	to fail an examination
mǎai-dó	to buy—and get—something
mǎai m̀-dó	to try to buy something but fail
wún-dó	to look for and find
wún m̀-dó	to look for and fail to find

4. In Sentence 6 we have another example of the economy
of words in Chinese. Here the word 'gāu', meaning 'enough',
requires no verb like 'is' or 'has' which is necessary in
English. Other examples:

Ngǎw m̀-gāu chěen*	I haven't enough money.
Nèe-gàan òok gāu m̀-gāu dāai?	Is this house big enough?
Gāu m̀-gāu dǎy-fòng?	Is there enough room?
Gāu	Enough.

5. Note the very useful phrase in Sentence 7, 'm̀-sái'
meaning 'there's no need'. But to render 'need' in the
affirmative we do not usually use 'sái' but 'yīu' (Lesson 2).

6. The expression 'wā m̀-dīng' in Sentence 8 is very handy
and useful to render meanings such as 'I'm not sure',
'Can't say for certain', etc. 'Dīng' means fixed or definite.
We have met it in Lesson 9 in 'yàt dīng' meaning certainly.

7. The word for majority or most in Sentence 9 is 'dàw-sō' which is literally 'many (much) number'. It can also mean mostly or usually. The word for minority is 'síu-sō', literally 'small number'.

8. The negative command 'don't . . .' is rendered very simply by 'm̀-hó', literally 'not good'. (Sentence 15.) Another way is to use the word 'măi' (meaning 'do not') but 'm̀-hó' is the commoner form.

9. The alternative to 'dāan-hāi', meaning 'but' (Lesson 7) in Sentence 16 is 'bùt-gwāw' consisting of the literary word for the negative prefix 'm̀' plus 'gwāw' meaning 'across' or 'beyond'. In the sense of 'only', 'bùt-gwāw' is quite straight-forward, thus: 'bùt-gwāw sàam gāw yǎn'—only three people, literally not beyond three.

10. Note the very useful expression 'mŏ fāat-tsée' in Sentence 16. We frequently need to say 'it can't be helped' or some equivalent. 'Fāat' means a way or method and can also mean Law. The suffix '-tsée', originally having a diminutive sense, is merely added for euphony. An alternative to 'mŏ fāat-tsée' is 'mŏ bāan-fāat', literally 'not have manage-method'.

11. In Lesson 12 we learned 'hāu-bēen' meaning 'behind'. In Sentence 19 the same word 'hāu' is used to render 'after' and is attached to the verb it qualifies by the literary word 'jèe' which is the equivalent of the possessive suffix '-gē' (Lesson 2). Here is another example:

Kŏei sīk fāan-jèe-hāu   After he eats his meal

This is literally 'He eats meal after'.

12. Also in Sentence 19 is the expression for 'abroad' or 'foreign'—'ngōy-gwōk', literally is 'outside' country'. 'Ngōy-gwōk-yăn' meaning 'foreigner' is almost always used in reference to Western people, not other Asians or people of other race. This is undoubtedly due to the paramount influence of Westerners in the 19th century and the early part of the 20th.

13. The expression 'Be careful!' is neatly rendered by 'síu sùm', literally 'small heart'. To make your heart—or mind—small in this instance is to concentrate your attention on one subject and thus to do what you are doing with great care.

Drill

I. Verb plus 'dó'.

1. Năy yău mŏ tèng kŏei góng? Ngăw tèng m̀-dó.
2. Ngăw dāap m̀-dó chè.
3. Năy yău mŏ tái hōk-sàang dá-bàw? Ngăw tái m̀-dó.
4. Ngăw chéng-dó Wŏng sèen-sàang lăi sĭk făan.
5. Yàn-wāi háau-sēe gūm năan hōk-sàang háau m̀-dó.
6. Jòong-gwōk wā* hó˙năan; ngăw hōk m̀-dó.
7. Năy yău mŏ măai-dó gáw-gā chè? Măai-dó.
8. Tìng-yăt háau-sēe; ngăw hày-mōng háau-dó.

II. Need, needn't, must, no matter.

1. Yīu m̀-yīu báy chĕen*? M̀-sái.
2. Gùm-yăt lăi-bāai, m̀-sái dōok-shùe.
3. Ngăw yàt dĭng yīu fàan òok-káy sĭk făan.
4. Ngăw dāap m̀-dó chè. M̀-gán-yīu.

5. Ngăw góng báy kŏei tèng m̀-sái lăi.
6. Yīu m̀-yīu háau-sēe? Yàt dīng yīu.
7. Dōei-m̀-jūe, ngăw m̀-gāy-dùk lăi. M̌-gán-yīu.
8. Kŏei yău hó dàw chĕen*, m̀-sái tsō-gòong.
9. Năy m̀-sái pā, háau-sēe hó yŏong-yēe.
10. Gùm-yāt m̀-sái lăi, tìng-yāt yàt dīng yīu lăi.

III. Enough, too much.

1. Ngăw m̀-gāu chĕen, náy gāu m̀-gāu? Gāu.
2. Nèe-gàan fŏng* gāu m̀-gāu dāai? M̌-gāu dāai.
3. Nèe-gàan lău m̀-gāu gò, bùt-gwāw sàam chăng.
4. Ngăw m̀-gāu sĕe-hāu dōok-shùe.
5. Nèe-shūe m̀ gāu dāy fòng húy òok.
6. Nèe-gàan lău yău yēe-sūp chăng, gò gwāw-tău.
7. Kŏei yău chĕen* dàw gwāw-tău.
8. Hèong Góng dèe yăn tāai dàw.
9. Năy gāu m̀-gāu dāy-fòng? Gāu là, dàw gwāw-tău.
10. Yău yăn m̀-gāu fāan sīk.

IV. Don't—'m̀-hó'.

1. M̌-hó hōei gáw-shūe.
2. M̌-hó tèng kŏei góng.
3. M̌-hó sīk nèe-dèe.
4. M̌-hó báy chĕen* kŏei.
5. M̌-hó m̀-gāy-dùk.
6. M̌-hó góng báy kŏei tèng.
7. M̌-hó fàan-hōei.
8. M̌-hó góng Yìng-mŭn; yīu góng Gwóng-dòong wā*.
9. M̌-hó jà nèe-gā chè; hó ngăi-héem.
10. M̌-hó chăw dìk-sée hōei, gwāi gwāw-tău.

V. But, only.

1. Ngăw séong hōei Yìng-gwōk dāan-hāi mŏ chĕen*.
2. Ngăw jòong-yēe nèe-gàan òok bùt-gwāw gwāi gwāw-tău.
3. Bùt-gwāw sāy gāw hōk-sàang háau-dó.
4. Ngăw séong hōei dá-bàw dāan-hāi yēet gwāw-tău.
5. Ngăw dáng hó nōy dāan-hāi kŏei mŏ lăi.
6. Nèe-bō shùe hó pĕng, bùt-gwāw sāy gāw ngăn-chĕen*.
7. Kŏei góng báy ngăw tèng bùt-gwāw ngăw m̆-mĭng-bāak.
8. Ngăw mĭng-bāak bùt-gwāw m̆-séong hōei.
9. Nèe-gāw hōk-sàang hó chòong-mĭng bùt-gwāw háau m̆-dó.
10. Ngăw séong măai nèe-dèe fà bùt-gwāw m̆-gāu chĕen*.

VI. Before and after.

1. Kŏei chòot-gàai jèe-chĕen sīk-jáw fāan.
2. Ngăw sīk-fāan jèe-hāu hōei tái-hāy.
3. Ngăw māy hōei Jòong-gwōk jèe-chĕen m̆-sìk góng Gwōk-yŭe.
4. Kŏei bùt-yēep jèe-hāu hōei Sìng-gā-bàw tsō yèe-sàang.
5. Ngăw māy sìk kŏei jèe-chĕen mŏ păang-yău.
6. Ngăw fōo-chùn sáy-jáw jèe-hāu ngăw fàan-hōei Yìng-gwōk.
7. Ngăw māy chòot-sāi jèe-chĕen kŏei yĕe-gìng hái-shūe.
8. Sīk fāan jèe-hāu ngăw-dāy chòot-gàai tái-hāy.
9. Gēet-fùn jèe-hāu kŏei-dāy m̆-gāu chĕen*.
10. Māy lăi jèe-chĕen ngăw m̆-sìk kŏei.

More Practice

Read aloud, then correct or amend the following sentences:

1. Hái Hèong Góng Dāai-hŏk mŏ nŏei hŏk-sàang.
2. Hái Hèong Góng Jòong-mŭn Dāai-hŏk dèe hŏk-sàang dàw sō hăi nŏei-tsái.
3. Mĭng-hìng sūp sōei-gē sĕe-hău dāai-hŏk bùt-yĕep.
4. Nèe-wāi* dōok yèe-hŏk tŏong-măai lĭk-sée.
5. Hŏk-sàang wā kŏei-dăy yău hó dàw sĕe-hău dōok-shùe.
6. Yĕe-gà hó síu yăn sĭk yèen.
7. Hăang gwāw mă-lō m̀-ngăi-héem.
8. Dèe hŏk-sàang m̀-pā háau-sēe.
9. Măai yàt gā hāy-chè m̀-sái hó dàw chĕen*.
10. Ngăw bùt-yĕep jèe-chĕen yĕe-gìng tsō yèe-sàang.
11. M̀-sái síu sùm hàang gwaw mă-lō.
12. Ng déem-jòong dāap bà-sée m̀-hăi gáy năan.
13. Jòong-mŭn Dāai-hŏk mŏ Jòong-mŭn shùe.
14. Dàw-sō hŏk-sàang m̀-jòong-yēe dōok-shùe.
15. Dèe hŏk-sàang hó chòong-mĭng dāan-hăi háai m̀-dó.

Answer the following as you please:

1. Năy gáy-sĕe bùt-yĕep?
2. Năy pā m̀-pā háau-sēe?
3. Hōei ngōy-gwŏk dōok-shùe dàw-sō hōei bèen-shūe?
4. Lăy sèen-sàang sĭk m̀-sĭk yèen?
5. Chăw fày-gày hăi m̀-hăi hó ngăi-héem?
6. Yīu hó síu sùm, hăi m̀-hăi?
7. Năy gāu m̀-gāu chĕen* măai nèe-gàan òok?
8. Năy gāu m̀-gāu sĕe-hău dōok-shùe?
9. Năy-dăy dàw-sō hăi m̀-hăi Yìng-gwŏk yăn?
10. Năy-dăy hă-gāw lăi-bāai háau-sēe, hăi m̀-hăi?

ON THE TELEPHONE

1. Wái? Năy wún bèen-gāw?

   Hullo. Who do you want?

2. Wŏng sèen-sàang hái-shūe mā?

   Is Mr. Wong in?

3. Wŏng sèen-sàang? Nèe-shūe mŏ yăn sīng Wŏng. Năy dāap chāw sēen.

   Mr. Wong? There's nobody called Wong here. You've got the wrong number.

4. Năy gáy-dàw hō dēen-wā*? Hāi m̆-hāi yēe lōok yēe sàam lĭng yàt?

   What's your number? Is it 262301?

5. Yàt tsūn. Nèe-shūe hó hùk. Ngăw tái m̆-gēen. Yīu hòy dàng . . . Nèe shūe yēe chàt yēe sàam lĭng yàt.

   Wait a minute. It's dark here. I can't see. I must put on the light . . . No, this is 272301.

6. Dōei m̆-jūe. Ngăw dāap chāw sēen. Wái! Wŏng sèen-sàang hái shūe mā?

   I'm sorry. It's the wrong number. Hullo, is Mr Wong in?

7. Năy hāi bèen-wāi*?

   Who's speaking?

8. Ngăw hāi Lăy Wă-dùk. Wŏng sèen-sàang tău-sèen dá dēen-wā* gīu ngăw dá fàan báy kŏei.

   This is Lee Wa-duk. Mr. Wong phoned me earlier and asked me to phone him.

9. Dáng yàt tsūn. Ngăw gīu kŏei lăi tèng dēen-wā*.

   Wait a moment, I'll call him to the phone.

10. Wái? Wǎ-dùk, gáy hó mā? Hó nōy m̀-gêen.

Hullo, Wa-duk, how are you? Haven't seen you for a long time.

11. Jùn hāi. Nǎy tǎu-sèen dá dēen-wā* báy ngǎw.

Yes. You phoned me a little while ago.

12. Mǒ chāw. Nǎy tìng-tsìu dùk-hǎan mā?

That's right. Are you free tomorrow morning?

13. Ngǎw dùk-hǎan. Déem-gáai nè?

Yes, I'm free. Why?

14. Ngǎw yǎu dèe sēe-gōn séong tǒong nǎy góng.

I want to talk to you about something.

15. Hāi mèe-yě sēe? Hāi m̀-hāi hó gán-yīu-gē?

What is it? Is it important?

16. M̀-hāi sūp-fùn gán-yīu-gē.

It's not terribly important.

17. Mèe-yě wā*? Ngǎw m̀-mìng-bāak. Hāi mèe-sēe?

What are you saying? I don't understand. What is it?

18. Hāi gúm-yēong*, ngǎw séong gēet-fùn.

It's like this, I want to get married.

19. Wǎ! Tǒong bèen-gāw?

I say! To whom?

20. Tǒong Hǎw síu-jé, tsìk-hāi Hǎw Mǎy-fòng; kǒei hái Tèen Òn Gòong-sèe tsō dá-tsēe.

To Miss Haw, I mean Haw May-fong; she's a typist in the Teen On Company.

21. Ngǎw sìk kǒei. Ngǎw tèng-wā kǒei fōo-chùn hó yǎu chěen*. M̀-sái dáng dō tìng-tsìu gēen nǎy. Nǎy gáy déem jòong fōng gòong?

I know her. I've heard her father is very rich. No need to wait till tomorrow morning. When do you stop work?

22. Nǧ déem sàu gòong; dāan-hāi ngǎw m̀-dùk hǎan, ngǎw yīu fàan òok-káy dá-lǎy ngǎw-gē sāi-ló; kǒei yǎu bēng.

Five o'clock but I'm not free; I must go home to look after my younger brother; he's ill.

23. Ngăw tsìu-tsìe gáu déem
fàan gòong tsău wŏoi
dá dēen-wā* báy năy.
Sūp-yàt déem yĕe-hău
ngăw dùk-hăan tŏong
năy yúm gā-fè.

Every morning I go to work
at nine and I'll phone you
then. After eleven I'll be
free to have coffee with you.

24. Hó hó, sūp-yàt déem
gūm sēong-hā* ngăw
dùk-hăan. Ngăw yàt
tèng-dó năy-gē dēen-
wā* ngăw tsău lăi.

Good, I'll be free at about
eleven. As soon as I have
your phone call I'll come.

Vocabulary

1. wún   to look for, search.
2. hái-shūe   to be in, at home.
3. dāap chāw sēen   wrong number.
4. gáy-dàw hō?   what number?
5. tău-sèen   a moment ago, just now.
6. dùk-hăan   to be free, have leisure.
7. sēe-gōn   affairs, business, matters. (Longer form of 'sēe', Lesson 9.)
8. tsìk-hāi   that is to say, I mean.
9. mèe-yĕ wā*?   what did you say?
10. gòong-sèe   a company.
11. tèng-wā   to hear it said.
12. dō   until, up to.
13. fōng gòong   to stop work.
14. dá-lăy   to look after.
15. sàu gòong   to stop work, alternative to 'fōng gòong'.
16. yĕe-hău   after.
17. gūm-sēong-hā*   about, approximately.
18. yàt   plus verb, as soon as . . .
19. hùk   dark, black.

20. tái-gēen   to see.
21. hòy   to open.
22. dàng   a light, lamp.
   hòy dàng   to switch on the light.
23. dēen-dàng   electric light.
24. tsìu-tsìu   every morning.

Notes

1. The important expression 'to be in' is rendered simply (Sentence 2) by 'hái-shūe', literally 'at (or in) place'. An alternative form is 'hái-dō'. Another word for 'at' or 'in' is 'héong' and so we have 'héong-dō' or 'héong-shūe'.

2. Wrong numbers on the telephone are common and so the expression 'dāap chāw sēen' is a useful one. It means literally 'on the wrong line'.

3. To ask 'what number?' (Sentence 4) not only of telephones but of houses, etc., we say 'gáy-dàw hō?', literally 'how many number?'. In answering we merely give the number in case of telephones but for house numbers we say 'sàam hō' (number three), 'yēe-sūp-ǹg hō' (number twenty-five), etc.

4. In Sentence 5 the compound verb 'tái-gēen', here in the negative 'tái ǹ-gēen', is an effective way of saying 'to see', being literally 'to see meet (or feel)', the second verb being used to indicate the success of the action stated by the first. The phrase 'I can't see (it)' could also be rendered by 'ngăw tái ǹ-dó'.

5. To switch on a light (Sentence 5) the Chinese say 'to open', 'hòy dàng'. To switch off, similarly, is 'shut' sàan dàng, or 'rest' 'abate', namely 'sìk dàng'.

6. Whilst in English we say 'answer the telephone' (Sentence 9) in Chinese we say 'hear (or listen to) the telephone'— 'tèng dēen-wā*'.

7. In Sentence 12 in the expression 'dùk-hǎan' meaning 'to be free' or 'to have leisure to do something' we have an example of the verb 'dùk' being used as a main verb meaning 'to have' or 'to get' or 'to obtain'. This common and very useful phrase means literally, therefore, 'have leisure'. It is, of course, equally common in the negative— 'm̀-dùk-hǎan', meaning 'I'm busy' or 'I have no time'.

8. Sentence 14. Compared to English, Chinese has few prepositions. A common and useful one is 'tǒong', meaning 'with'. In this sense it can, of course, also mean 'and'—often in the longer form 'tǒong-mǎai', Lesson 3. Here 'tǒong' is used for the preposition in 'speak to'. In Sentence 19 it is also used for 'to' in 'married to . . .'. 'Tǒong' can also mean 'for', on behalf of'.

9. Sentence 16. The phrase 'tsìk-hāi' is very useful. In conversation we are always saying 'I mean', 'you see', 'that is to say' and so on.

10. 'I hear it said' is rendered in Chinese (Sentence 21) in the same way as in English except more tersely, thus: 'ngǎw tèng-wā', literally 'I hear say'.

11. 'To stop work' and 'to start work' are rendered simply by (Sentence 21) 'fōng gòong', literally 'release work' and (Sentence 23) 'fàan gòong', literally 'return work'.

12. To render 'about', 'approximately' we have already had 'chà-m̀-dàw' in Lesson 7. Now in Sentence 24 we have

another expression with the same meaning—'gūm sēong-hā*', literally 'thus above-below'. However, the first one is always used before the matter it qualifies but 'gūm sēong-hā*' always comes after.

13. Sentence 24. The phrase 'as soon as' is very neatly rendered in Chinese by the numeral 'yàt' (one) followed by the appropriate verb. The phrase is usually but not always completed by 'tsāu' meaning 'then'. The logic is readily perceptible—'one hear . . . then (tsāu) . . .'.

Drill

I. To be in, at home, 'hái shūe', 'hái-dō', 'héong-shūe'.

1. Lǎy sèen-sàang hái-shūe mā? M̄-hái-shūe.
2. Míng-hìng hái-dō mā? Hái-dō.
3. Kŏei m̄-hái-shūe, kŏei māy fōng gòong.
4. Gīu kŏei lǎi tèng dēen-wā*. Kŏei m̄-hćong-shūe.
5. M̄-hái-shūe? Kŏei yàt fàan gīu kŏei dá dēen-wā* báy ngǎw.
6. Wŏng síu-jé hái m̄-hái-shūe? Hái-shūe; bèen-wāi* wún kŏei?
7. Ngǎw sīng Lǎw. Kŏei tǎu-sèen m̄-hái-dō.
8. Yĕc-gà héong dō. Kŏei ngàam-ngàam fàan-lǎi.

II. What number? What date? 'Gáy-dàw hō?'

1. Nǎy gáy-dàw hō dēen-wā*? Nèe-shūe sàam yēe bāat yēe yēe sàam.
2. Nǎy gàan fŏng* gáy-dàw hō? Ngǎw-dāy sāy hō fŏng*.
3. Gùm-yàt gáy-dàw hō? Gùm-yàt sūp-sàam hō.
4. Nǎy chǎw gáy-dàw hō bà-sée? Gáu-hō bà-sée.

5. Năy-gàan òok gáy-dàw hō?   Mǐng Hìng Dō gáu-sūp-sàam hō.
6. Nèe-gāw yūet gáy-dàw hō hōei Sìng-gā-bàw? Sūp-ňg hō.
7. Ngǎw yīu dá gáy-dàw hō dēen-wā*?   Sàam lǐng yàt sāy lǐng sāy.
8. Năy gā chè gáy-dàw hō?   AA yàt chàt sàam bāat.
9. Kǒei gáy-dàw hō gēet-fùn?   Sūp-ňg hō.
10. Năy jūe gáy-dàw hō fǒng*?   Sàam lǐng yàt hō fǒng*.

III. The telephone—'dēen-wā'*.

1. Năy yǎu mǒ dēen-wā*?   Yǎu.
2. Gáy-dàw hō?   Sàam sàam sāy bāat lǐng yàt.
3. Chéng lǎi tèng dēen-wā*.
4. Kǒei gīu ngǎw dá dēen-wā* báy kǒei.
5. Chéng năy dá dēen-wā* báy ngǎw.
6. Wái?   Năy wún bèen-gāw ā?   Tèen Òn Gòong-sèe.   Dāap chāw sēen.
7. Nèe-gāw dēen-wā* m̀-hó.   Hó năan tèng.
8. Ngǎw tèng m̀-dó.   Bèen-wāi* góng?
9. Wái?   Wǒng sèen-sàang?   Ngǎw hāi.   Năy hāi bèen-wāi*?
10. Chéng năy dá dēen-wā* báy Chǔn sèen-sàang.

IV. Time words: Just now—'tǎu-sèen'. Just—'ngàam-ngàam'.

1. Kǒei tǎu-sèen hái-shūe; yěe-gà m̀-hái.
2. Kǒei ngàam-ngàam fōng gòong.
3. Dáng yàt tsūn; ngǎw gīu kǒei lǎi tèng dēen-wā*.

4. Năy tău-sèen wā mèe-yě? Ngăw tău-sèen wā Lăy sèen-sàang hōei jáw.

5. Yàt tsūn; kŏei tău-sèen hái-shūe; kŏei ngàam-ngàam tsáu-jáw.

V. In what way? This way. 'Déem-yēong*? Gúm-yēong*'.

1. Năy déem-yēong* dá-tsēe? Gūm yēong*. Hó yŏong-yēe.

2. Năy déem-yēong* lăi Hèong Góng? Ngăw chăw f'ày-gày lăi.

3. Năy déem-yēong* yŏong fāai-tsée? Gúm yēong*. M̆-hāi gáy năan.

4. Déem-yēong* tsō? Gúm yēong*.

5. Hāi gúm-yēong*; kŏei m̆-hāi ngăw păang-yău, ngăw m̆-sìk kŏei.

VI. Put on the light . . . switch it off.

1. Hòy dàng! Ngăw tái m̆-gēen.

2. Sìk dàng! Ngăw-dāy chòot-gàai.

3. Hòy dàng! Ngăw yīu tái bō-jée.

4. Hòy dàng! Nèe-shūe hó hùk, ngăw tái m̆-gēen.

5. M̆-sái hòy dàng; ngăw tái-dùk gēen.

6. Chéng sìk dàng, ngăw m̆-séong tái bō-jée.

7. Kŏei sìk-jáw dàng; yěe-gà hó hùk.

8. Ā Ying! Hòy dàng! Hòy-jáw là.

9. Dēen-dàng hái bèen-dō? Ngăw wún m̆-dò*.

10. Déem-yēong* hòy dàng? Gúm-yēong*.

VII. Busy and free. 'Dùk-hăan, m̆-dùk-hăan'.

1. Năy dùk-hăan mā? Ngăw m̆-dùk-hăan.

2. Chéng yúm bòoi gā-fè. Ngăw m̆-dùk-hăan, m̆-gòy.

3. Ngăw hó m̌-dùk-hǎan, ngăw yǎu hó dàw gòong.
4. Năy gùm-mǎan dùk-hǎan mā? Chéng hōei tái hāy. Ngăw dùk-hǎan.
5. Ngăw-dāy tīng-yāt háau-sēe, ngăw hó m̌-dùk-hǎan.
6. Năy dùk-hǎan m̌-dùk-hǎan nè? Ngăw dùk-hǎan.
7. Ngăw gùm-mǎan chàt déem-jòong dùk-hǎan.
8. Ngăw yīu tsō gòong, ngăw m̌-dùk-hǎan.

VIII. 'Very' plus verb.

1. Kǒei hó yǎu chěen*.
2. Kǒei hó sìk góng Jòong-gwōk wā*.
3. Kǒei hó sìk jà chè.
4. Ngăw hó jòong-yēe Hèong Góng.
5. Ngăw hó m̌-jòong-yēe kǒei.
6. Ngăw hó séong hōei Jòong-gwōk.

IX. Uses of 'tǒong' and 'tǒong-mǎai'.

1. Ngăw tǒong năy hōei, hó m̌-hó? Hó.
2. Kǒei chǔm-yāt tǒong ngăw lǎi.
3. Ngăw séong tǒong năy góng.
4. Kǒei tǒong bèen-gāw gēet-fùn? Tǒong Lǎy síu-jé.
5. Ngăw tǒong năy gīu dìk-sée lǎi, hó m̌-hó? Hó, m̌-gòy.
6. Ngăw tǒong-mǎai kǒei hó pǎang-yǎu.

X. That is to say, I mean . . . 'tsìk-hāi'.

1. Ngăw séong fàan-hōei Gwóng-dòong, tsìk-hāi Gwóng-jàu.
2. Lǎy sèen-sàang, tsìk-hāi ngăw-gē hōk-sàang.

3. Kŏei hā-gāw yūet gēet-fùn, tsìk-hāi sāy yūet ňg hō.
4. Mĭng-dùk, tsìk-hāi Wŏng sèen-sàang-gē dāai-ló.
5. Kŏei tìng-yāt lăi, tsìk-hāi lăi-bāai sāy.
6. Ngăw-dāy hāi hōk-sàang, tsìk-hāi ngăw-dāy hōk Gwóng-dòong wā*.
7. Năy yīu chăw chè hōei, tsìk-hāi chăw bà-sée hōei.
8. Hōk sé tsēe, tsìk-hāi Jòong-gwōk tsēe, hó năan.
9. Kŏei hái nèe-shue tsō gòong, tsìk-hāi tsō bāy-shùe.
10. Tsō bāy-shùe, tsìk-hāi tsō dá-tsēc.

XI. Work, affairs.

1. Ngăw tsìu-tsìu gáu-déem fàan gòong.
2. Gáy-déem fōng gòong?
3. Ňg déem fōng gòong.
4. Kŏei tsō mèe-yĕ gòong. Kŏei tsō dá-tsēe.
5. Năy tsō mèe-yĕ sēe? Ngăw tsō yèe-sàang.
6. Yău mèe-yĕ sēe-gōn? Mŏ sēe-gōn.
7. Ngăw m̆-dùk-hăan, yău hó dàw gòong tsō.
8. Lăy sèen-sàang m̆-dùk-hăan, yău hó dàw sēe-gōn.
9. Kŏei gùm-yāt mŏ fàan gòong, yău bēng.
10. Gùm-yāt lăi-bāai, yàt déem fōng gòong.

XII. About, approximately. 'Chà-m̆-dàw', 'gūm sēong-hā'*.

1. Gáy-dàw gāw hōk-sàang? Chà-m̆-dàw sàam-sūp gāw.
2. Sàam-sūp gāw gūm sēong-hā*.
3. Năy gáy-déem sīk ān-jāu? Yàt déem, gūm sēong-hā*.

4. Gáy-dàw chěen*? Yēe-sūp mùn gūm sēong-hā̄*.
5. Chà-m̌-dàw ňg-sūp gāw yǎn.
6. Ňg-sūp gāw yǎn gūm sēong-hā̄*.

XIII. As soon as . . . 'yàt' plus verb.

1. Ngǎw yàt tèng kǒei góng tsāu jèe hāi Wǒng sèen-sàang.
2. Kǒei yàt fàan-lǎi tsāu sáy-jáw.
3. Ngǎw yàt fàan òok-káy tsāu dá dēen-wā̄* báy kǒei.
4. Kǒei yàt hòy dàng tsāu tái-gēen ngǎw.
5. Ngǎw yàt tái bō-jée tsāu jèe.

More Practice

Answer the following in at least two ways for each question:

1. Nǎy wún bèen-gāw?
2. Gáy-dàw hō dēen-wā̄*?
3. Nèe-shūe chà-m̌-dàw gáy-dàw gāw hōk-sàang?
4. Kǒei tǒong bèen-gāw gēet-fùn?
5. Lǎw sèen-sàang hái-shūe mā?
6. Nèe-gēen sēe gǎn-yīu m̌-gán-yīu-gē?
7. Yǎu mǒ yǎn dá dēen-wā̄* báy ngǎw?
8. Nǎy tìng-tsìu dùk-hǎan mā?
9. Nǎy déem-yēong* lǎi?
10. Tǎu-sèen bèen-gāw tèng dēen-wā̄*?
11. Nǎy gáy-déem jòong fōng gòong?
12. Tìng-tsìu gáy-déem fàan gòong?
13. Yīu m̌-yīu hòy dàng?
14. Nǎy chǎw gáy-dàw hō bà-sée hōei?
15. Nèe-shūe hó hùk; nǎy tái-gēen mā?
16. Gùm-yāt gáy-dàw hō?

17. Yŭe-gwáw ngăw góng gwōk-yŭe năy mĭng m̆-mĭng
    bāak?
18. Yău mŏ yăn sīng Lăy hái-shūe?
19. Ngăw gáy-déem jòong sìk dàng?
20. Bèen-gāw hó yău chĕen*?

GOING TO A PARTY

1. Ngăw gùm-măan jēok mèe-yĕ sàam?

What dress will I wear tonight?

2. Gáw-gēen lăam-sìk-gē hó lēng.

That blue one's very pretty.

3. Hó. Gùm-măan hó yēet. Gáw-gēen sàam yāu lēng yāu bōk.

All right. It's very hot tonight. The dress is pretty and thin too.

4. Ngăw jēok mèe-yĕ hó nè? Gáw-tō fòoi-sìk yèe-fōok ngàam mā?

What shall I wear? Is the grey suit right?

5. Ngàam sāai. Gùm-măan hāi tŏng-chàan dĭng-hāi sài-chàan?

Yes, indeed. Is it Chinese or western food tonight?

6. Ngăw núm hāi sài-chàan. Nèe-tĭu fōo m̀-hāi gáy gòn-tsēng.

I think it's western. This pair of trousers isn't very clean.

7. M̀-hāi òo-tsò, tsīng-hāi yīu tōng-hă. Ā Yìng, nìng nèe-tĭu fōo hōei tōng.

They're not dirty, just need to be ironed. A Ying, take these trousers and iron them.

8. Nèe-tō yèe-fōok gūm hāu, ngăw pā ngăw wŏoi hó yēet.

This suit is so thick, I'm afraid I'll be very hot.

9. M̀-wŏoi. Jèong sèen-sàang gàan òok yāu lăang hāy. Năy m̀-sái pā.

You won't. Mr. Cheong's house is air-conditioned. Don't worry.

10. Yīu m̌-yīu sōong dèe fà
    báy Jèong tāai-tāai*?

Do we need to give some
flowers to Mrs. Cheong?

11. Yìng-gòy. Năy jèe m̌-jèe
    Jèong sèen-sàang chéng
    bèen-dèe yăn-hāak sīk
    chàan?

We ought to. Do you know
which guests Mr. Cheong
has invited to dinner?

12. Ngăw m̌-jèe-dō. Năy
    tsō mèe-yě gūm māan?
    Yīu fāai-dèe jèok sàam.

I don't know. Why are you
so slow? You need to dress
more quickly.

13. M̌-pā, jōong yău hó dàw
    sèe-hāu. Māy chàt
    déem-jòong. Sái-mùt
    gūm fāai? Ngăw jōong
    māy chòong-lèong.

Don't worry, there's still
plenty of time. It's not seven
yet. What's the hurry? I
haven't had my bath yet.

14. Māy chòong-lěong*?
    Ngăw chòong-jáw-lěong
    hó nōy là.

Not had your bath? I had
mine a long time ago.

15. Ngăw dōei hăai hái
    bèen-shūe?

Where are my shoes?

16. Ngăw m̌-jèe. Gīu Ā
    Yìng nìng năy-gē hăai
    lăi. Kŏei yàt-dīng jèe-
    dō hái bèen-shūe.

I don't know. Tell A Ying
to bring your shoes. She's
bound to know where they
are.

17. Ā Yìng! Nìng ngăw
    dōci hăai lăi.

A Ying, bring my shoes.

18. Gīu Ā Yìng sàan-măai
    dèe mŏon tŏong-măai
    dèe chèong-mŏon. Kŏei
    yìng-gòy hōei fūn-gāu;
    ngăw-dāy yàt-dīng hó
    yē fàan-lăi.

Tell A Ying to shut the
doors and windows. She
ought to go to bed; we're
bound to be late coming
back.

19. Ngăw yěe-gìng hó
    gwōoi. Ngăw-dāy măan-
    măan dò chòot-gāai.

I'm tired already. We go
out every night.

20. M̌-hāi   măan-măan.   Not every night. Only once
Nèe-gāw lăi-bāai yàt   this week.
chēe jè.

21. M̌-hāi, lăi-bāai yàt, lăi-   No; Monday and Wednes-
bāai sàam, tsìk-hāi   day, that's twice. It doesn't
lĕong chēe. M̌-gán-yīu.   matter. Can't be helped.
Mŏ bāan-fāat. Ngăw   I'm off to my bath. Remem-
yĕe-gà hōei chòong-   ber to call a taxi. We have
lĕong. Năy yīu gāy-dùk to be at Mr. Cheong's by
gīu dìk-sée lăi. Ngăw-   eight o'clock.
dāy yīu bāat-déem-
jòong dō Jèong sèen-
sàang shūe.

Vocabulary

1. lăam   blue.
    lăam-sìk-gē   blue-coloured.
2. yāu . . . yāu   both . . . and.
3. bōk   thin, flimsy (not opposite of fat).
4. tō   classifier for clothes, i.e. a suit of clothes.
5. fòoi   grey.
    fòoi-sìk   grey colour.
6. ngàam   right, correct cf. Lesson 11, Vocabulary 18.
7. sāai   all, complete.
    ngàam sāai   quite right, all correct.
8. tŏng-chàan   Chinese meal.
    tŏng   Cantonese for T'ang, i.e. T'ang Dynasty.
9. dīng-hāi   or—used in questions.
10. sài-chàan   a western-style meal.
    sài   west, c.f. Lesson 7, Vocabulary 16.
11. fōo   trousers, classifier 'tĭu'.
12. gòn-tsēng   clean.
13. oò-tsò   dirty.
14. tsĭng-hāi   only.

15. tōng   to iron, press.
16. hāu   thick.
17. wŏoi   shall, will.
18. sōong   to give, present, escort, see off.
19. yìng-gòy   ought.
20. tsō mèe-yĕ?   why? for what reason? what do you mean? (*lit.* 'do what?').
21. sĕe-hāu   time, period.
22. sái-mùt?   what's the need?
23. chòong-lĕong   to have a bath.
24. dōei   a pair.
25. hăai   shoes.
    yàt dōei hăai   a pair of shoes.
26. gīu   to tell, instruct, summon, cf. Lesson 9, Vocabulary 2.
27. sàan   to shut.
    sàan-măai   to shut tight.
28. mŏon   a door, classifier 'dō'.
29. chèong-mŏon   window, classifier 'dō'.
30. yē   late at night.
31. gwōoi   tired.
32. mŏ bāan-fāat   it can't be helped.
33. dō   to reach, arrive at cf. Lesson 14, Vocabulary 16.
34. yăn-hāak   a guest.

Notes

1. Sentence 2. The possessive particle '-gē' has been introduced several times already. Its use to mean a class or group or 'ones' is very common. Additional examples are given in Drills.

2. In Sentence 3. 'yāu' is used in a double form to qualify the two adjectives and give the equivalent of the English 'both . . . and'. 'Yāu' by itself means 'also' and can be used as an alternative to 'dò'.

3. Sentence 5. 'Sāai', meaning 'all', 'completely' always comes at the end of the phrase to which it refers. Like almost all other usages in Chinese it can best be learned by Drill.

4. The word 'or' (Sentence 5) is rendered in a number of ways. In questions:

dīng-hāai   yìk-wāak

In these cases the question is formed without any interrogative particle or question word. 'Dīng-hāi' and 'yìk-wāak' are themselves question words.

 In a statement 'or' is rendered by 'wāak-jé' which has the other meaning of 'perhaps'.

5. Sentence 7. 'Tsīng-hāi' is one way of rendering 'only'. The others, introduced in earlier Lessons, are 'bùt-gwāw' (Lesson 13) and 'jè' as a final (Lesson 4).

6. Sentence 10. The verb to present or make a gift of something 'sōong' must have the verb 'báy' to complete the phrase. The thing given, i.e. the direct object, comes after 'sōong' and the person to whom it is given, the indirect object, follows 'báy'.

7. Sentence 12. The word 'jēok' meaning 'to wear' is here used meaning 'to put on clothes', 'to dress'.

8. Sentence 14. When a compound verb such as 'chòong-lĕong' is put in the past tense by the use of '-jáw' this suffix is put between the two words. It is in fact attached to the verb proper. 'Chòong-lĕong' is literally 'pour out cool or refreshing'.

Drill

I. '-gē' indicating 'ones', a class of . . . , etc.

1. Ngăw jòong-yēe lăam-sìk-gē.
2. Gáw-dèe hāi tsōei hó-gē.
3. Nèe-dèe dāai-gē hó gwāi.
4. Năy jēok mèe-yé sàam? Bāak-sìk-gē.
5. Năy tsō meè-yĕ gòong? Ngăw hāi gāau-shùe-gē.
6. Hái Sìng-gā-bàw jūe-gē dàw-sō hāi Jòong-gwōk yăn.
7. Sìk góng Yìng-mŭn-gē hāi ngăw-gē păang-yău.
8. Sīk tŏng-chàan-gē hāi hōk-sàang.
9. Gáw-dèe fà hó pĕng-gē.
10. Kŏei hó yău chĕen*-gē.

II. 'yāu'—also; 'yāu . . . yāu'—both . . . and.

1. Kŏei yāu hāi ngăw-gē păang-yău.
2. Tèen-hāy m̆-hó, yāu yēet yāu sùp.
3. Kŏei-gē chè yāu hāi Yìng-gwōk-gē.
4. Gáw-gāw nŏei-tsái yāu lēng yāu yău chĕen*.
5. Kŏei m̆-hāi Jòong-gwōk yăn; ngăw yāu m̆-hāi.

III. 'sāai'—all, completely.

1. Ngăw sīk sāai là.
2. Dèe hōk-sàang hōei sāai.
3. Ngăw m̆-gāy-dùk sāai.
4. Kŏei góng sāai báy ngăw tèng.
5. Ngàam sāai.

But remember that 'everybody', 'each one' is rendered by duplicating the classifier and adding 'dò'. 'Everybody' can also be made by duplicating 'yăn'. Thus:

IV. 'each', 'every'.

1. Gāw gāw hōk-sàang dò hāi Jòong-gwōk yăn.
2. Gàan gàan òok dò hó lēng.
3. Dèe chè gā gā dò hāi Măy-gwōk-gē.
4. Gāw gāw dò jòong-yēe kŏei.
5. Ngăw-dāy gāw gāw dò hó gwōoi.
6. Yăn-yăn dò yīu hōei.
7. Gāw-gāw dò hāi Sài-yăn.
8. Yăn-yăn dò hái-shūe.
9. Gāw-gāw dò chòot-gàai.
10. Yăn-yăn dò yìng-gòy dōok-shùe.

V. Time words duplicated; every year, day, morning, evening.

1. Kŏei-dāy nĕen-nĕen dò fàan-hōei Măy-gwōk.
2. Yāt-yāt lōk yŭe.
3. Ngăw tsìu-tsìu gáu déem-jòong fàan gòong.
4. Kŏei măan-măan dò chòot-gàai sīk chàan.
5. Kŏei yāt-yāt hōei Gáu-lŏong măai yĕ.
6. Ngăw yāt-yāt hōei hōk-hāau dōok-shùe.
7. Kŏei nĕen-nĕen dò măai yàt gā chè.
8. Wŏng sèen-sàang tsìu-tsìu gáu déem-jòong hōei sé-tsēe-lău.
9. Kŏei-dāy măan-măan hōei tái-hāy.
10. Kŏei yāt-yāt lăi nèe-shūe.

'Always', 'frequently' is made by duplicating 'sĕe' (time).

11. Kŏei sĕe-sĕe hōei gáw-shūe sīk ān-jāu.
12. Nèe-shūe sĕe-sĕe lōk-yŭe.
13. Kŏei sĕe-sĕe chăw bà-sée lăi.
14. Hái Yìng-gwōk sĕe-sĕe dò hó lăang.
15. Ngăw-dāy sĕe-sĕe góng Gwóng-dòong wā*.

VI. 'Or' in questions—dīng-hāi.
and in statements—wāak-jé (perhaps).

1. Nǎy jòong-yēe chǎ dīng-hāi gā-fè?
2. Nǎy yīu tái hāy dīng-hāi dá-bàw?
3. Kǒei tǒong bèen-gāw gēet-fùn? Chǔn síu-jé
   dīng-hāi Lǎy síu-jé?
4. Ngǎw yīu jēok gáw-gēen sàam dīng-hāi nèe-
   gēen?
5. Nǎy òy sīk jùe-yōok dīng-hāi gài?
6. Ngǎw gùm-yāt tái nèe-bóon shùe wāak-jé
   gáw-bóon.
7. Chǔn sèen-sàang wāak-jé Hǎw sèen-sàang yàt-
   dīng lǎi.
8. Nǎy jēok gáw-gēen sàam wāak-jé nèe-gēen dò
   m̌-gán-yīu.
9. Ngǎw wāak-jé hōei Gáu-lǒong wāak-jé Hèong
   Góng.
10. Kǒei wā lǎi-bāai sàam lǎi wāak-jé lǎi-bāai sāy.

VII. 'tsīng-hāi', 'bùt-gwāw' (Lesson 13)—only.

1. Tsīng-hāi ngǎw yàt gāw yǎn.
2. Kǒei tsīng-hāi wā m̌-séong lǎi.
3. Ngǎw tsīng-hāi yǎu lěong mùn.
4. Ngǎw bùt-gwāw yǎu lěong mùn.
5. Ngǎw bùt-gwāw yǎu yàt gāw pǎang-yǎu.
6. Kǒei tsīng-hāi sīk yàt gāw tsēe.
7. Ngǎw tsīng-hāi séong sīk síu síu fāan.
8. Nǎy tsīng-hāi yīu tōng nèe-gēen sàam síu síu.

VIII. 'sōong . . . báy'—to present, make a gift.

1. Kǒei sōong yàt bóon shùe báy ngǎw.
2. Ngǎw sōong dèe fà báy Wǒng tāai-tāai*.

3. Yău yăn sōong nèe-gēen yě báy năy.
4. Kŏei sōong dèe chĕen báy ngăw.
5. M̌-hó sōong dèe yĕ báy kŏei.

IX. Why?—'tsō̄ mèe-yĕ?', 'déem-gáai?' (Lesson 7).

1. Năy lăi Hèong Góng tsō̄ mèe-yĕ?
2. Năy déem-gáai lăi Hèong Góng?
3. Năy tsō̄ mùt-yĕ mŏ góng báy ngăw tèng?
4. Năy déem-gáai mŏ góng báy ngăw tèng?
5. Tsō̄ mèe-yĕ gūm gwāi?
6. Déem-gáai gūm gwāi?
7. Tsō̄ mèe-yĕ nèe-gēen sàam gūm òo-tsò?
8. Déem-gáai nèe-gēen sàam m̌-gòn-tsēng?
9. Tsō̄ mùt-yĕ Ā Mǐng m̌-hái-shūe?
10. Déem-gáai Ā Mǐng mŏ lăi?

X. 'Sái-mùt gūm . . .?' Why so . . .?

1. Sái-mùt gūm gwāi?
2. Sái-mùt gūm māan?
3. Sái-mùt gūm dàw?
4. Sái-mùt gūm síu?
5. Sái-mùt gūm fāai?

XI. 'Gīu'—to tell, i.e. instruct.

1. Gīu kŏei lăi.
2. Gīu dìk-sée lăi.
3. Gīu Ā Hìng m̌-hó hōei.
4. Chéng gīu Wŏng sèen-sàang lăi tèng dēen-wā*.
5. Gīu Ā Yìng nìng năy-gē sàam lăi.

And remember 'gīu-tsō̄' (Lesson 9), to be called, to be named.

6. Ngăw gīu-tsō Ā Mǐng.
7. Kŏci gīu-tsō Ā Yìng.
8. Năy gīu-tsō mèe-yĕ mĕng*?
9. Ngăw gīu-tsō Ā Jòong.
10. Kŏei gīu-tsō Lēen-fà.

More Practice

Read aloud and answer the following in as many ways as possible:

1. Năy tsō mèe-yĕ gūm mā̄an?
2. Năy déem-gáai gūm gwōoi?
3. Năy jòong-yēe gā-fè dǐng-hāi chǎ?
4. Ngăw-dāy mǎan-mǎan chòot-gàai, hāi m̌-hāi?
5. Năy jòong-yēc tǒng chàan dǐng-hāi sài-chàan?
6. Nèe-tǐu fōo sái-mùt gūm òo-tsò?
7. Năy yàt gāw lǎi-bāai chòot-gàai gáy-dàw chēe?
8. Năy hōei-gwāw Mǎy-gwōk gáy-dàw chēe?
9. Năy yīu m̌-yīu ngăw sàan mǒon?
10. Năy jēok mèe-yĕ sàam?
11. Ngăw sé nèe-gāw tsēe, sé-dùk ngàam m̌-ngàam?
12. Gáw-tō yèe-fōok gòn m̌-gòn-tsēng?
13. Năy yīu jēok bōk sàam dǐng-hāi hāu sàam?
14. Năy jèe m̌-jèe bèen-gāw lǎi sīk chàan?
15. Yīu m̌-yīu hòy chèong-mǒon?
16. Năy chǔm-mǎan gáy-déem jòong hōei fūn-gāu?
17. Năy chòong-jáw lĕong mǎy?
18. Gāu m̌-gāu sĕe-hāu tōng nèe-tǐu fōo?
19. Ngăw gùm-mǎan jēok mèe-yĕ hǎai?   Hùk-sìk dǐng bā̄ak-sìk-gē?
20. Năy tsìu-tsìu gáy-déem fàan-gòong?
21. Năy yāt-yāt gáy-déem fòng-gòong?
22. Năy ōy m̌-ōy bā̄ak-sìk-gē?
23. Sái-mùt gūm fā̄ai?
24. Ngăw gīu dìk-sée lǎi, hó m̌-hó?
25. Năy sīk-jáw sāai mǎy?

PEOPLE

1. Kǒei hāi bèen-gwōk yǎn?

What nationality is he?

2. Kǒei hāi Yān-dō yǎn. Chǎw gáw-shūe gáw-gāw hāi Mǎ-làai-yǎn.

He's an Indian. The man sitting over there is a Malay.

3. Jūe Sìng-gā-bàw-gē dàw-sō hāi mèe-yě yǎn?

What are most of the people living in Singapore?

4. Dàw-sō hāi Tǒng-yǎn, tsìk-hāi kǒei-dǎy bóon-lǒi hāi Jòong-gwōk lǎi-gē.

Most of them are Chinese, that is to say they originally came from China.

5. Nèe-shūe yǎn-háu gáy dāai?

What's the population here?

6. Chà-m̀-dàw yēe bāak māan.

About two million.

7. Gūm dàw! Tǒng-yǎn, Yān-dō yǎn yǎu sěe fàan tsēe-gáy tsó-gà, hāi m̀-hāi?

So many! Do the Chinese and Indians sometimes go back to their own countries?

8. Yēen-tsōy m̀-fàan. Sìng-gā-bàw hāi kǒei-dǎy gwōk-gà. Kǒei-dǎy hāi nèe-shūe chòot-sāi. Hó chēe Mǎy-gwōk gāu-tsūn-sěe* — gáw-shūe dèe Sài-yǎn bóon-lǒi hāi Àu-jàu lǎi-gē.

They don't go back now. Singapore is their own country. They were born here. It's like America in the past—the western people there originally came from Europe.

9. Háw m̀-háw-yĕc yĕe-gà sīk fāan?

Can we have our meal now?

10. Háw-yĕe dāan-hāi tsōei hó ngăw-dāy dáng Wŏng síu-jé lăi.

We can but we'd better wait till Miss Wong comes.

11. Dòng-yĕen là! Ngăw m̀-gāy-dùk.

Of course, I'd forgotten.

12. Năy wún-dó gòong-yăn māy?

Have you found any servants yet?

13. Ngăw dùk yàt gāw jè. Sèe-gày, fà-wŏng hó năan wún; yĕe-ché yăn-gòong hó gwāi. Ngăw wún-dó gáw gāw hāi Tŏng-yăn. Kŏei tsō sái-sàam. Ngăw tsēe-gáy hōei gàai-sĕe măai yĕ, júe chàan. Ngăw sĕe-sĕe m̀-dùk-hăan.

I've only got one. Drivers and gardeners are difficult to find. What's more wages are very high. The one I've found is Chinese. She does the washing. I go to the market myself and do the cooking. I'm always busy.

14. Gáw-shūe yúm chă gáw-dèe hāi mèe-yĕ yăn?

Who are these people drinking tea?

15. Ngăw tèng kŏei-dāy góng, hó chĕe hāi Măy-gwōk yăn.

By their accents I think they're Americans.

16. M̀-hāi kŏei-dāy; gáw-bēen gáw-dèe.

Not them, the ones over there.

17. M̀-jèe nè, hó chĕe Yāt-bóon yăn. Nèe-gàan tsáu-gà yău hó dàw jóong yăn. Èi-yā! Yĕe-gìng chàt déem bōon. Tsō mèe-yĕ Wŏng síu-jé māy lăi? Kŏei hó chĕe.

I don't know, they look like Japanese. There are many different kinds of people in this restaurant. I say, it's already half past seven. Why hasn't Miss Wong come yet? She's very late.

18. Ngăw núm kŏei yàt dīng lăi-gán.

I'm sure she's on the way.

19. Tsāu lăi gā lā! Kŏei tŏong bèen-gāw lăi? — Here she is! Who's with her?

20. Dōei m̀-jūe. Ngăw hó chĕe dō. — I'm so sorry I'm late.

21. Mŏ mūn-tăi. Ngăw-dăy tsìk-hùk hōei lău-sēong sìk fāan. Nèe-shūe lău-hā hó chŏ. Nèe-wāi* . . .? — It doesn't matter. Let's go upstairs right away and have a meal. It's very noisy here downstairs. This lady . . .?

22. Wŏo síu-jé. Ngăw-dăy chŭm-yāt yàt chăi fàan-lăi Sìng-gā-bàw. — Miss Woo. We came back to Singapore together yesterday.

23. Chéng chăw, chŏei-bēen* chăw. Gūm hó gày-wōoi kìng-gái. — Please sit down anywhere you like. Such a nice chance for a chat!

Vocabulary

1. bèen-gwōk? what nationality?
2. Yān-dō India.
3. Mă-làai yăn a Malay.
   Mă-làai wā* Malay (language).
4. bóon-lŏi originally.
5. yăn-háu population (*lit.* men-mouths).
6. yàt bāak māan a million.
   bāak hundred.
   māan ten thousand.
7. tsēe-gáy self, own.
8. tsó-gà home-land, ancestral home.
9. gwōk-gà nation, one's own country.
10. hó chĕe just as, very like.
11. gāu-tsūn-sĕe formerly, in the old days.
12. Àu-jàu Europe.
13. háw-yĕe can, be able to.
14. dòng-yĕen of course, certainly.

15. gòong-yǎn   servant, workman.
16. dùk   to get, obtain; see Lesson 4
17. sèe-gày   a driver, chauffeur.
18. fà-wǒng   gardener (*lit.* flower king).
19. yěe-ché   moreover, besides.
20. yǎn-gòong   wages.
21. tsō sái-sàam   to be a wash-amah (*lit.* do wash clothes).
22. gàai-sěe   market (*lit.* street market).
23. Yāt-bóon   Japan (*lit.* sun origin).
    Yāt-bóon yǎn   a Japanese.
    Yāt-bóon wā*   Japanese language.
24. jóong   kind, sort.
25. chěe   late.
26. -gán   a suffix to verbs to indicate present continuous tense.
27. mǒ mūn-tǎi   it's no problem, it doesn't matter.
    mūn-tǎi   problem, question.
28. tsìk-hùk   immediately.
29. chǒ   noisy.
30. Wǒo   a surname.
31. yàt-chǎi   together, at the same time.
32. chǒei-bēen*   as you please.
33. gày-wōoi   opportunity.
34. kìng-gái   to have a chat, gossip.

Notes

1. Sentence 1. We have had many examples of 'bèen-' as a question prefix, e.g.

bèen-gāw	who?
bèen-wāi*?	who? (polite)
bèen-shūe	where?
bèen-dō?	where?

and 'bèen-' plus classifier meaning which one?, viz.

bèen-gàan?   which one (building, room)
bèen-tǐu?   which one? (road, street)
bèen-gā?   which one? (car, etc.)

In 'bèen-gwōk?' meaning 'which or what nationality?' we have an idiom since 'gwōk' normally takes the general classifier 'gāw'.

2. Sentences 2 and 3. Note the adjectival use of the verbs 'sitting' and 'living' coming before the nouns which they qualify. The verb 'jūe', to dwell, stay, can be used before or after the place where the staying is done and can also dispense with the preposition 'hái' (at, in).

3. Sentence 4. The term 'Tǒng-yǎn' for Chinese (person) is old-fashioned but its use in Singapore and Malaysia is common. So too are the other compounds with 'Tǒng', namely:

Tǒng-sàan   China
Tǒng-wā*   Chinese language
Tǒng-tsēe   Chinese characters

4. Sentence 13. 'Dùk' is here used as a main verb and has the meaning of 'have only'. The sense of 'only' is reinforced by the final particle 'jè'.

5. Sentence 18. The verb suffix '-gán' conveys the sense of a present continuous or past continuous (depending on context) tense and thus bears a similarity to the English verb ending '-ing' as in 'is coming' or 'was coming', never, of course, in the future tense as in English 'he is coming tomorrow'.

Drill

I. 'dàw-sō'—most, the majority; mostly, usually. 'síu-
sō'—the minority.

   1. Dàw-sō hāi Jòong-gwōk yǎn, síu-sō hāi Sài-yǎn.
   2. Dàw-sō chǎw fày-gày lǎi.
   3. Ngǎw dàw-sō fàan òok-káy sīk ān-jāu.
   4. Kǒei dàw-sō chǎw bà-sée fàan-gòong.
   5. Dèc hōk-sàang dàw-sō jòong-yēe dōok-shùe,
      síu-sō m̄-jòong-yēe.

II. 'hó chěe'—like, as if, just as, probably.

   1. Mǐng-hìng hó chěe kǒei-gē fōo-chùn.
   2. Hó chěe wǒoi lōk yǔe. (It looks like rain.)
   3. Hó chěe gāu-tsūn-sée yàt yēong*. (Just like
      old times.)
   4. Hó chěe hāi Wǒng sèen-sàang.
   5. Nèe-gēen sàam hó chěe gáw-gēen.

III. 'háw-yěe'—can, may, possible.

   1. Kǒei-dāy m̄-háw-yěe lǎi nèe-shūe.
   2. Yǔe-gwáw nǎy yǎu chěen* nǎy háw-yěe hōei
      Yāt-bóon.
   3. Háw m̄-háw-yěc chǎw nèe-shūe? Háw-yěe.
   4. Háw-yěc m̄-háw-yěe hōei Yān-dō? Dòng-yěen
      háw-yěe.
   5. Wǒng síu-jé m̄-háw-yěe lǎi, kǒei m̄-dùk-hǎan.

IV. 'dùk . . . jè'—to have only.

   1. Kǒei dùk yàt gāw tsái jè.
   2. Ngǎw dùk yàt gāw ngǎn-chěen* jè.

    3. Nǎy yǎu gáy-dàw gāw gòong-yǎn? Dùk yàt
       gāw jè.
    4. Dùk sàam mùn jè.
    5. Wǒng sèen-sàang dùk yàt gāw hōk-sàang jè.

V. '-gán', similar to English ending '-ing'.

    1. Kǒei yěe-gà lǎi-gán.
    2. Kǒei dōok-gán shùe.
    3. Kǒei sīk-gán fāan.
    4. Chéng dá dēen-wā* báy kǒei. Kǒei góng-gán.
    5. Kǒei tái-gán shùe.

VI. 'yàt chǎi'—at the same time, together.

    1. Ngǎw-dāy yàt chǎi lǎi.
    2. Kǒei-dāy yàt chǎi hōei Yìng-gwōk.
    3. Ngǎw-dāy yàt chǎi sīk fāan, hó m̌-hó?
    4. Kǒei-dāy yàt chǎi dōok-shùe.
    5. Tsōei hó ngǎw-dāy yàt chǎi hōei wún kǒei.

More Practice

Read aloud and answer in several ways:

    1. Lǎy sèen-sàang hǎi bèen-gwōk yǎn?
    2. Hái Sìng-gā-bàw dàw-sō hǎi mèe-yě yǎn?
    3. Mǎy-gwōk yǎn bóon-lǒi hái bèen-shūe lǎi?
    4. Sìng-gā-bàw dèe Tǒng-yǎn hái bèen-shūe chòot-sāi?
    5. Nǎy tsēe-gáy bóon-lǒi hái bèen-shūe lǎi?
    6. Yāt-bóon yǎn chěe m̌-chěe Jòong-gwōk yǎn?
    7. Nǎy yǎu mǒ hōei-gwāw Yān-dō?
    8. Kǒei yǎu gáy-dàw gāw hōk-sàang?
    9. Hái Sìng-gā-bàw yǎu gáy-dàw jóong yǎn?
  10. Nǎy yǎu mǒ gày-wōoi góng Gwóng-dòong wā*?
  11. Nǎy tǒong Wǒo síu-jé yàt chǎi lǎi, hǎi m̌-hǎi?
  12. Nǎy-gē yǎn-gòong dàw m̌-dàw?

13. Wŏng síu-jé chĕe m̓-chĕe dō?
14. Gāu-tsūn-sĕe dèe Sìng-gā-bàw Tŏng-yăn yău mŏ fàan hōei Jòong-gwōk?
15. Năy tsēe-gáy lăi m̓-lăi?
16. Năy-gē gòong-yăn tsō mèe-yĕ gòong?
17. Năy hōei gàai-sĕe măai mèe-yĕ?
18. Năy yīu m̓-yīu tsìk-hùk hōei gàai-sĕe?
19. Kŏei hái bèen-dō jūe? Lău-sēong dīng-hāi lău-hā?
20. Kŏei tŏong bèen-gāw kìng-gái?
21. Sìng-gā-bàw yăn-háu gáy-dàw?
22. Àu-jàu yău gáy-dàw gwōk?
23. Bèen-gāw tsō sèe-gày?
24. Năy yău mŏ gày-wōoi hōk Yāt-bóon wā*?
25. Hōk góng Mă-làai wā* năan m̓-năan?

WORK

1. Ngǎw m̌-jòong-yēe nèe-fūn gòong.

I don't like this job.

2. Déem-gáai m̌-jòong-yēe?

Why don't you like it?

3. Yàn-wāi hó sùn-fóo.

Because it's so hard.

4. Déem-yēong* sùn-fóo?

In what way is it hard?

5. Ngǎw yīu hó tsó fàan-gòong—lōok déem jòong.

I've got to go to work very early—six o'clock.

6. Gūm tsó? Nǎy yīu hó tsó háy-sùn.

So early? You have to get up very early.

7. Hāi. Ngǎw tsìu-tsìu sāy déem bōon háy-sùn. Ńg-déem bōon yīu gwāw hóy. Yěe-ché yǎn-gòong hó síu.

I get up every morning at half past four. I have to cross the harbour at half past five. And what's more the wage is very poor.

8. Nǎy sāi-ló tsō mèe-yě gòong?

What's your younger brother doing?

9. Kǒei dò hāi dá gòong, kǒei tsō fáw-gāy. Ngǎw dāai-ló tsō gíng-chāat.

He's also a wage-earner, he's a shop assistant. My elder brother is a policeman.

10. Tsō gíng-chāat dò gáy sùn-fóo.

Being a policeman is quite a hard job.

11. Kǒei m̌-sùn-fóo, kǒei hāi gíng-gwòon.

He's all right, he's a police officer.

12. Kǒei hó chòong-mǐng.

He's very clever.

13. M̌-hāi gáy chòong-
mǐng, dāan-hāi kǒei hó
kǔn-līk. Ngǎw hó lǎan.
Pǐng Òn Gòong-Sèe
bèen-gāw tsō lǒ-báan?

Not very but he works
hard. I'm very lazy. Who's
the proprietor of Ping On
Company?

14. Lǔm Wāi-fòong. Déem-
gáai?

Lum Wai-foong. Why?

15. Nǎy sìk kǒei mā? Nǎy
bòng ngǎw hái Pǐng Òn
Gòong-sèc wún fūn
gòong tsō, hó mā?

Do you know him? Can
you help me to find a job
in Ping On's?

16. Nǎy yīu ngǎw gāai-sīu
nǎy báy Lǔm Wāi-
fòong, hāi mā? Ngǎw
tǔong Lǔm sèen-sàang
m̌-hāi gáy sōok. Nǎy
hāi m̌-hāi séong tsō
fáw-gāy?

Do you want me to intro-
duce you to Lum Wai-
foong? I'm not very fami-
liar with Mr. Lum. Do you
want to be a shop-assistant?

17. M̌-hāi, ngǎw háw-yěe
tsō dá-tsēe wāak bāy-
shùe. M̌-gòy nǎy gāai-
sīu ngǎw.

No, I could be a typist or a
secretary. Please introduce
me.

18. Hó là. Ngǎw hày-mōng
nǎy wún-dó gòong-
tsōk. Ngǎw tèng-wā
Pǐng Òn yěe-gà chéng
yǎn. Sàang-yěe hó-gē.
Kǒei-dāy yǎu sàam
gàan gòong-chóng.
Mǒoi yàt gàan chéng
chèen gáy yǎn.

All right. I hope you'll
find a job. I hear that Ping
On are taking on men.
Business is very good. They
have three factories. Each
one employs more than a
thousand people.

19. Dèe gòong-yǎn yǎu mǒ
gòong-wōoi*?

Have the workers a union?

20. Yǎu, dàw-sō hāi wōoi-
yǔen*.

Yes, most of the workers
are members.

21. Yǎu mǒ gā-kǎy?   Any holidays?
22. Yǎu, mǒoi gāw lǎi-bāai   Yes, one day a week. And
    fōng yàt yāt gā. Yǎn-   the wages are quite good.
    gòong dò gáy hó.
23. Nǎy háw m̌-háw-yěe   Can you give me the letter
    tìng-yāt báy fòong gāai-   of introduction tomorrow?
    sīu sūhn ngǎw?
24. Dùk là. Ngǎw tìng-yāt   Yes, I will. I'll write one
    tǒong nǎy sé. M̌-gòy   for you tomorrow. Please
    báy-fàan gáw-gā dá-   give me back that typewriter.
    tsēe-gày ngǎw.
25. Dōei m̌-jūe, ngǎw m̌-   I'm sorry, I forgot to give it
    gāy-dùk báy-fàan nǎy.   back. I can type quite fast
    Ngǎw yěe-gà dá-tsēe,   now.
    dá-dùk gáy fāai.
26. Ngǎw yīu fāai-dèe fàan   I must go home right away.
    òok-káy. Ngǎw fōo-mǒ   My parents don't allow me
    m̌-báy ngǎw gūm yē   to stay so late in restaurants.
    hái tsáu-gà yúm chǎ.
27. Ngǎw dò yīu tsáu là.   I'll have to go too.

Vocabulary

1. fūn   classifier for job, work.
2. sùn-fóo   arduous, unpleasant.
3. háy-sùn   to get up (*lit.* raise body).
4. gwāw hóy   to cross the sea or harbour.
5. dá gòong   to work as an employee (*lit.* strike work).
6. gíng-chāat   policeman, alternative, especially in Hong
   Kong—chàai-yǎn.
7. gíng-gwòon   police officer, gwòon an officer, official.
8. kǔn-līk   diligent, hard-working.
9. lǎan   lazy.
10. lǒ-báan   proprietor.
11. bòng   to help, other forms: bòng-tsāw, bòng-sáu.

12. gāai-sīu   to introduce.
13. sōok   familiar
14. gòong-tsōk   work, job, alternative—gòong-fòo.
15. chéng   to employ, engage.
16. gòong-chóng   factory, classifier 'gàan'.
17. mǒoi   each, every.
18. gòong-wōoi*   trade union.
19. wōoi-yǔen*   member of a society.
20. gā-kǎy   holidays, time off.
21. báy-fàan   to give back, return.
22. dá-tsēe-gày   typewriter (*lit.* strike character machine).
23. báy   to allow, permit another meaning of 'báy' to give.

Notes

1. Sentence 7. Here 'gwāw' is used as a main verb meaning to cross. We have had it as a subsidiary in 'hǎang gwāw lō' —to walk across the road, and also in 'gwāw-tǎu' (across head) used with adjectives and adverbs to make 'too'. In Hong Kong 'gwāw hóy' usually means to cross the harbour between Kowloon and the Island. It is sometimes used of crossing a wide river.

2. Sentence 9. 'Dá gòong', literally meaning 'strike work' is to work as a wage-earner, usually unskilled. It is difficult to explain the origin of this idiom except as a person employed to do hard work requiring hammering or digging.

3. Sentences 9, 10, etc. In this Lesson there are examples of the verb 'tsō', to do or make, used where in English we would use the verb to be. The verb 'hāi' can, of course, also be used in the sentence 'he is a policeman' but by using 'tsō' we refer more to the work the man does than to the man himself. 'Tsō' can be used of all occupations and professions—teachers, doctors, shop-assistants, gardeners, etc.

4. Sentence 11. The word 'gwòon' means a government official of any kind but usually of a fairly high rank. This is the Chinese word for Mandarin (not a Chinese word), the scholarly officials of the Empire before the Chinese Republic was established on January 1st, 1912.

5. Sentence 13. The word 'lŏ-báan' meaning boss, proprietor, is an example of borrowing from Kuo-yu (National Language, i.e. Mandarin). Quite a number of such loans or influences are to be found in modern Cantonese.

6. Sentence 16. The verb 'to introduce'—'gāai-sĩu'—must be followed—after its direct object—by 'báy', to give, taking the exact place of the English 'to'. 'I'll introduce you to him'—'ngăw gāai-sĩu năy báy kŏei'.

7. Sentence 17. To engage or to employ are rendered by 'chéng' the same word as 'to invite'.

8. Sentence 17. When numbers are large, thousands, ten thousands, etc., they do not take a classifier. Here we have 'chèen gáy yăn'—over a thousand people. One hundred—'yàt bāak'—sometimes takes a classifier and sometimes not, both forms being right; 'yàt bāak yăn', 'yàt bāak gāw yăn'.

9. Sentence 21. A holiday, to have a holiday is 'fōng gā' (*lit*. 'release holiday'). When we indicate the length of the holiday the two words are, quite logically, split by the period in question, thus:

fōng yàt gāw lăi-bāai gā	to have one week's holiday
fōng yàt yāt gā	to have one day's holiday

Drill

I. All to do with work.

1. Năy tsō mèe-yĕ gòong?
2. Ngăw tsō yèe-sàang.
3. Tsō yèe-sàang sùn m̀-sùn-fóo?
4. M̌-hāi gáy sùn-fóo.
5. Kŏei hó kŭn-līk tsō gòong.
6. M̌-hāi, kŏei hó lăan tsō.
7. Ngăw m̀-dá gòong, ngăw tsō lŏ-báan.
8. Năy hāi m̀-hāi gòong-wōoi* wōoi-yŭen*?
9. Năy yău mŏ gòong tsōk?
10. Ngăw yău gòong-fòo dāan-hāi yăn-gòong síu.
11. Ngăw gáu déem fàan gòong, nğ déem fōng gòong.
12. Kŏei hái gòong-chóng tsō gòong.
13. Wŏng sèen-sàang chéng gòong-yăn.
14. Hái Gáu-lŏong yău hó dàw gòong-chóng.
15. Tsō fáw-gāy m̀-hāi gáy sùn-fóo.

II. Early in the morning.

1. Ngăw gùm-tsìu hó tsó háy-sùn.
2. Tsìu-tsó hó lĕong-sóng.
3. Ngăw tsìu-tsìu chàt déem háy-sùn.
4. Năy yīu tsó-dèe háy-sùn.
5. Chŭm-yāt tsìu lōk hó dāai yŭe.
6. Tìng-tsìu tsó ngăw chăw fày-gày hōei Yìng-gwōk.
7. Năy hó tsó sīk tsó chàan (breakfast).
8. Ngăw yīu hó tsó fàan gòong.
9. Kŏei tsìu-tsìu gáu déem fàan hōk (returns to school).
10. Năy yīu tsó-dèe hōei măai yĕ.

III. 'gāai-sīu . . . báy'—to introduce.

1. M̆-gòy năy gāai-sīu ngăw báy Wŏng síu-jé.
2. Ngăw háw-yĕe gāai-sīu năy báy kŏei.
3. Ngăw m̆-háw-yĕe gāai-sīu năy báy kŏei, ngăw m̆-sìk kŏei.
4. Ngăw tŏong năy sé yàt fòong gāai-sīu sūhn.
5. Ngăw gāai-sīu kŏei báy gāw lŏ-báan.

IV. 'mŏoi'—each, every.

1. Mŏoi gāw hōk-sàang sìk góng Gwóng-dòong wā̄*.
2. Kŏei mŏoi nĕen hōei Sìng-gā-bàw.
3. Ngăw mŏoi gāw lăi-bāai hōei tái-hāy yàt chēe.
4. Mŏoi gàan pō-táu yău gáy gāw fáw-gāy.
5. Mŏoi gàan òok hāi kŏei-gē.

V. 'fōng-gā'—holidays.

1. Năy gùm-nĕen fōng m̆-fōng-gā?
2. Dòng-yĕen là! Ngăw-dăy fōng sàam gāw lăi-bāai gā.
3. Năy fōng gáy-dàw yāt gā? Ngăw fōng sūp-sāy yāt gā.
4. Kŏei fōng sàam gāw yūet gā.
5. Kŏei hó nŏy dò mŏ fōng-gā.

VI. Uses of 'báy' to give.

(a) Original meaning, to give.

1. Ngăw báy nèe-dèe chĕen* năy.
2. Kŏei báy nèe-bō shùe ngăw.
3. Báy ngăw là! (Give it to me.)
4. Kŏei báy-jáw gēen sàam Ā Yìng.
5. Ngăw m̆-háw yĕe báy chĕen* năy.

(*b*) 'báy-fàan'—to give back.

   1. Báy-fàan ngăw là!
   2. Tìng-yāt báy-fàan gáw-bō shùe ngăw.
   3. Kŏei m̀-séong báy-fàan dèe chĕen* ngăw.
   4. M̌-gòy báy-fàan ngăw jèe bùt ngăw.
   5. Fāai-dèe báy-fàan sūp mùn ngăw.

(*c*) To allow.

   1. Lŏ-báan m̀-báy ngăw-dāy hōei.
   2. Kŏei báy m̀-báy ngaw-dāy tsō? Báy.
   3. Kŏei m̀-báy ngăw chòot-gàai.
   4. Sèen-sàang m̀-báy ngăw tái nèe-bóon shùe.
   5. Ngăw fōo-mŏ m̀-báy ngăw yúm tsáu.

(*d*) As the preposition 'to'.

   1. Ngăw gāai-sīu năy báy kŏei.
   2. Kŏei dá dēen-wā* báy ngăw.
   3. Ngăw sé nèe-fòong sūhn báy năy.
   4. Ngăw sōong nèe-dèe fà báy Wŏng tāai-tāai*.
   5. Nìng bòoi chă báy kŏei.

(*e*) As part of the phrase 'to tell'.

   1. Ngăw góng báy năy tèng.
   2. Kŏei wā báy ngăw jèe.
   3. Bèen-gāw góng báy năy tèng?
   4. Wŏng sèen-sàang góng báy ngăw tèng.
   5. Chéng năy góng báy ngăw jèe.

More Practice

Read aloud and answer the following in several ways:

   1. Năy wā năy-gē gòong-tsōk sùn-fóo; déem yēong* sùn-fóo?
   2. Năy déem-gáai gūm tsó háy-sùn?
   3. Gáw-gāw hōk-sàang chòong-mĭng mā?

4. Dèe sāi-mùn-tsái lǎan m̌-lǎan nè?
5. Déem-gáai nǎy gūm kǔn-līk tsō gòong?
6. Nǎy tsìu-tsó gáy-déem fàan-gòong?
7. Nǎy fōng gáy-nōy gā?
8. Nǎy gāy-dùk m̌-gāy-dùk bèen-gāw tsō Pǐng Òn Gòong-sèe lǒ-báan?
9. Lǒ-báan báy m̌-báy nǎy fōng gòong?
10. Nǎy hày-mōng m̌-hày-mōng hōei Jòong-gwōk?
11. Nǎy yǎu mǒ gày-wōoi góng Jòong-gwōk wā*.
12. Nǎy háw m̌-háw-yěe bòng ngǎw wún gòong tsō?
13. Nèe-gàan gòong-chóng chéng m̌-chéng yǎn?
14. Nǎy hāi m̌-hāi mǒoi gāw lǎi-bāai fōng-gā?
15. Tsō gíng-gwòon hó m̌-hó?
16. Tsō fáw-gāy yàt gāw yūet yǎu gáy-dàw yǎn-gòong?
17. Nǎy fōo-mǒ báy m̌-báy nǎy chòot-gàai?
18. Gáw-gā dá-tsēe-gày hāi bèen-gāw-gē?
19. Kǒei gāai-sīu nǎy báy bèen-gāw?
20. Ngǎw bòng nǎy tsō, hó m̌-hó?
21. Nǎy jòong-yēe tsō bāy-shùe dǐng-hāi fáw-gāy?
22. Nǎy gùm-něen hái bèen-shūe fōng-gā?
23. Nǎy-gē yǎn-gòong gāu m̌-gāu?
24. Nǎy déem-gáai gūm tsó fàan òok-káy?
25. Nǎy tǒong Hǎw tāai-tāai* sōok m̌-sōok?

GOING FOR A WALK

1. Gùm-yāt sìng-kăy lōok,
   năy séong tsō mèe-yĕ?

   It's Saturday today; what
   would you like to do?

2. M̄-ngàam   ngăw-dāy
   hōei yău sóei? Hōei
   Chéen-sóei Wàan hó
   m̆-hó?

   Why don't we go for a swim?
   Repulse Bay?

3. Yĕe-gà yēet gwāw-tău.
   Chéen-sóei Wàan yăn
   tāai   dàw.   Tsōei   hó
   ngăw-dāy dáng dō nğ
   déem jòong hōei hăang
   gàai.

   It's too hot just now. And
   there are too many people
   at Repulse Bay. We'd best
   wait till five o'clock and
   then go for a walk.

4. Hōei bèen-shūe hăang
   gàai?

   Where shall we go for a
   walk?

5. M̄-ngàam   ngăw-dāy
   hōei Sàan-déng hăang-
   há? Gáw-dō hó lēng.

   How about The Peak? It's
   very pretty.

6. Hó   là . . . Ngăw-dāy
   chăw   bà-sée   hōei
   Tsèem-sà-tsóei mă-tău.
   Gwāw-jáw hóy tsāu
   chăw lāam-chè sĕong
   sàan. . . .

   All right. We'll take a bus
   to Tsimshatsui pier. After
   we've crossed the harbour
   we'll take the Peak Tram
   up the mountain. . . .

7. . . . Jùn hāi hó tái;
   Fày-sĕong lēng! Năy
   tái-hă, yău gūm dàw
   fáw-shŭen, gūm dàw
   shŭen-tsái.

   What a wonderful sight! It's
   beautiful! Look over there,
   so many steamers and little
   boats.

8. Gáw-bēen năy tái m̀-tái-gēen fày-gày chěong?

Can you see the airport over there?

9. Ngăw tái m̀-gēen. Hái bèen-dō ā?

No I can't. Where is it?

10. Hái gáw-bēen. Năy tái-dó mā?

Over there. Can you see it?

11. Ngăw yěe-gà tái-gēen. Ngàam-ngàam dōei-mēen. Hā-bēen dèe òok hó chěe fáw-chăi hūp.

I can see it now. It's exactly opposite. The houses down there look like match-boxes.

12. Sūt-tsōy yău hó dàw yēe-sūp chăng-gē gūm gò. Nèe-tǐu lō-tsái hó jāak.

As a matter of fact many are twenty storeys high. This little road is very narrow.

13. Gāu fōot là. Chè m̀-jún hăang.

It's wide enough. Cars are not allowed.

14. Nèe-shūe hó jīng. Hā-bēen hó chǒ.

It's very quiet here and very noisy below.

15. Ngăw jōong tèng-gēen hā-bēen dèe chè bùt-gwāw hó sāi sèng.

I can still hear the cars below but it's a little sound.

16. Ngăw dò tèng-dùk-dó. M̀-hāi gáy dāai sèng. Nèe-pàw shūe dèe fà hó lēng.

I can hear them too. It's not a loud noise. The flowers on this tree are very pretty.

17. Jùn hāi hó tái. Dèe fà hó hèong tèem.

Yes, beautiful. And they're sweet-smelling too.

18. Yěe-gà lōok déem lěng jòong, hó lěong-sóng. Năy gwōoi m̀-gwōoi?

It's after six and it's very cool. Are you tired?

19. Sòei-yěen ngăw gūm lǒ dāan-hāi ngăw m̀-gwōoi.

Although I'm so old, I'm not tired.

20. Lǒ? M̀-hāi, năy hó hāu-sàang.

Old? No, you're a young man!

21. Lāam-chè jāam lǎy nèe-shūe yŭen m̀-yŭen?	Is the Peak Tram Station far from here?
22. Mŏ gáy yŭen. Jŏong yǎu sàam gāw tsēe tsāu dō là. Ngǎw-dāy hó fāai lōk sàan.	Not very far. Another fifteen minutes and we'll be there. We'll soon be down the mountain.
23. Ngǎw-dāy chàt déem jēe fàan òok-káy.	We won't be home till seven o'clock.

Vocabulary

1. sìng-kǎy lōok   Saturday; alternative to 'lǎi-bāai lōok'.
2. m̀-ngàam?   why not? (*lit.* not right?).
3. yǎu sóei   to swim (*lit.* travel water).
4. hǎang gàai   to walk, go for a walk (*lit.* walk street).
5. Tsèem-sà-tsóei   part of Kowloon (*lit.* pointed sand mouth).
6. mǎ-tǎu   pier, wharf.
7. lāam-chè   funicular railway, the Peak Tram in Hong Kong (*lit.* cable car).
8. sĕong   to go up, ascend.
9. hó tái   beautiful, pretty (*lit.* good to see).
10. fày sĕong   extremely, unusually (*lit.* not common). 'Fày' is a literary term for the negative 'm̀'. Cf. 'pìng-sĕong' in Lesson 8.
11. fáw-shŭen   steam-ship (*lit.* 'fire ship').
12. fày-gày chĕong   airport. 'Fày-gày' aeroplane. 'chĕong'   yard, place, open piece of ground.
13. dōei-mēen   opposite.
14. fáw-chǎi   matches (*lit.* fire wood).
15. hūp   a small box.
16. sūt-tsōy   as a matter of fact.
17. jāak   narrow.
18. fōot   wide.

19. jún   to permit.
    'm̌-jún'   forbidden.
20. jīng   quiet.
21. tèng-gēen   to hear. Cf. Lesson 3.
22. sèng   a sound.
23. pàw   classifier for trees.
24. shūe   a tree.
25. sòei-yěen   although.
26. hāu-sàang   young, a youth (*lit.* 'after born') in contrast to 'sèen-sàang'—'before born'.
27. jāam   a station—for any kind of vehicle.
28. lōk   to go down, descend, get off (a vehicle).
29. jēe   to, until.

Notes

1. Sentence 3. 'Until' or 'till' are rendered by 'dō' meaning to reach or arrive at. The time expression 'from . . . to . . .' e.g. 'from one o'clock to two' uses 'dō', usually with the additional word 'jēe' also meaning 'till' or 'to'. There is no need in Chinese for an equivalent of the word 'from'. Thus:

yàt déem jòong jēe dō lěong déem   from one o'clock to two.
lǎi-bāai yēe jēe dō lǎi-bāai lōok   from Tuesday to Saturday.

To render 'till' in a negative sentence, e.g. 'I shall not come until Thursday' the word 'jēe' is placed after the time word and before the verb, thus:

Ngǎw lǎi-bāai sāy jēe lǎi   I'm not coming till Thursday.

This is literally 'I Thursday till come', quite a neat way of putting it and reminiscent of the English 'It'll be Thursday before I come'. There is an example of this form in Sentence 23.

2. Sentence 3. To go for a walk is usually rendered by 'hăang gàai', literally 'walk street'. To go for a walk in the hills is 'hăang sàan'. To walk in the sense of to go on foot is 'hăang lō', to 'walk road'. In Sentence 5 we have 'hăang-hă' the suffix being mainly for euphony but also conveying the sense of casualness.

3. Sentence 19. Usually Chinese is more economical of words than English but here we find 'sòei-yĕen' (although) followed by the balancing clause introduced by 'dàan-hāi' (but) which would be quite redundant in English.

4. Sentence 22. Note that the word 'fāai' meaning fast is frequently used to mean soon.

5. Sentence 18. To render past the hour in a general way when giving the time we use 'lĕng', the same word as nil which is usually pronounced 'lǐng'. Thus:

> ńg déem lĕng jòong   it's after five.
> bāat déem lĕng   it's gone eight.

Drill

    I. ḿ-ngàam . . .?   why not?

       1. M̌-ngàam ngăw-dáy hōei tái hāy?
       2. M̌-ngàam sīk fāan sèen?   (Let's eat first.)
       3. M̌-ngàam ngăw-dáy hăang-gàai?
       4. M̌-ngàam jēok nèe-gēen sàam?
       5. M̌-ngàam chăw dìk-sée hōei?

    II. tái-hă—look!; 'tái' and 'tèng' plus '-gēen'; looking and hearing.

       1. Tái-hă!   Dèe sàan gūm gò!
       2. Ngăw tái ḿ-gēen ngăw-gē tsái.

3. Kŏei m̀-tái-gēen ngăw.
4. Ngăw tèng-gēen hó dāai sèng.
5. Ngăw tèng m̀-gēen kŏei góng.
6. Năy tèng-hă là!
7. Kŏei góng gūm sāi sèng, ngăw tèng m̀-gēen.
8. Hó hùk! Ngăw tái m̀-gēen.
9. Tái-hă dèe fà gūm lēng!
10. Ngăw mŏ tèng-gēen kŏei lăi.

III. 'jún' and 'báy'—to allow.

1. M̌-jún yāp-lăi.
2. Ngăw fōo-chùn m̀-báy ngăw hōei.
3. Jún m̀-jún sĭk yèen?   M̌-jún.
4. Chè m̀-jún hăang yāu-bēen.
5. M̌-jún tsō nèe-dèe.
6. Kŏei m̀-báy sāi-mùn-tsái hōei.
7. M̌-jún hòy nèe-dō mŏon.
8. Gíng-chāat m̀-jún ngăw-dāy yāp-lăi.
9. M̌-jún hăang-dùk gūm fāai.
10. Nèe-shūe m̀-jún măai yé.

IV. 'dō' or 'jēe dō'—to.

1. Yàt déem jēe dō lĕong déem m̀-hòy.
2. Fōng gáy-nŏy gā?   Sūp hō dō yēe-sūp hō, tsìk hāi sūp yāt.
3. Yàt gáu ŋg sàam nĕen dō yàt gáu ŋg ŋg nĕen ngăw hái Yāt-bóon.
4. Yàt déem dō lĕong déem ngăw-dāy sĭk ān-jāu.
5. Chàt yūet jēe dō gáu yūet m̀-hōei hōk-hāau dōok-shùe.

'dō'—to reach, arrive at.

1. Kŏei gáy-sëc dŏ Hèung Góng? Kŏci tìng-yñt dō.
2. Fáw-chè dō-jáw là!
3. Gáw-jēk shŭen dō-jáw māy?   Māy dō.
4. Ngăw yĕe-wăi kŏei tìng-yāt dō.
5. Gā hāy-chè ngàam ngàam dō-jáw.

V. 'jēc'   not until.

1. Kŏei tìng-yāt jēe lăi.   (He's not coming till to-morrow.)
2. Dáng dō tìng-yāt jēe hōei.
3. Kŏei sāy déem jēe lăi.
4. Ngăw dáng kŏei làı jēe sīk fāan.   (I won't have my meal till she comes.)
5. Kŏei hā-gāw yūet jēe lăi.
6. Lăy sèen-sàang chòot-nĕen jēe lăi.
7. Ngăw dáng dō yău chĕen* jēe hōei Yìng-gwōk.
8. Kŏei lăi-bāai ňg jēe lăi.
9. Dáng kŏei lăi jēe hōei.
10. Kŏei chŭm-măan sūp-yàt déem jēe fàan òok-káy.

VI. 'dōei-mēen'—opposite, and other direction words.

1. Hái bèen-shūc jūe?   Hái dāai-hōk dōci-mēen.
2. Sēong-hóy ngăn-hŏng dōei-mēen yău yàt gāw fà-yŭen*.
3. Ngăw gàan òok dōei-mēen yău gáy gàan pō-tău*.
4. Hōk-hāau hāu-bēen yău dá-bàw chĕong.   (play-ing-field.)
5. Hāy-yūen* chĕen-bēen mŏ dāy-fòng pàk chè. ('pàk'—to park.)
6. Hái sàan sēong-bēen yău hó dàw shūe.
7. Hái tŏy hā-bēen yău yàt hūp fáw-chăi.

8. Hāu-bēen yău hó dàw shŭen-tsái.
9. Ngàam-ngàam dōei-mēen yău yàt gàan tsáu-dēem.
10. Tsáu-dēem dōei-mēen yău hó dàw pō-tău*.

VII. 'lĕng'—over, plus, a bit more than.

1. Yĕe-gà sūp déem lĕng jòong.
2. Ngăw sĕe-sĕe ńg déem lĕng jòong fōng gòong.
3. Ngăw chàt déem lĕng jòong sīk fāan.
4. Sūp lĕng mùn, sàam-sūp lĕng mùn, yàt bāak lĕng mùn.

More Practice

Read aloud and answer the following in several ways:

1. Năy jòong-yēe yău sóei dīng-hāi hăang-gàai?
2. Năy chăw mèe-yĕ chè sĕong sàan?
3. Sàan-déng hó ḿ-hó tái?
4. Kŏei góng, góng-dùk hó dāai sèng, hāi ḿ-hāi?
5. Ḿ-hó chŏ! Năy jòong-yēe chŏ mā?
6. Nèe-shūe hó jīng; déem-gáai?
7. Nèe-shūe chè jún ḿ-jún hăang?
8. Năy-gē mŏ-chùn báy ḿ-báy năy hōei tái hāy?
9. Năy chŭm-măan sūp-yàt déem jēe fàan, hāi ḿ-hāi?
10. Nèe-tĭu lō gāu ḿ-gāu fōot?
11. Gáw-tĭu lō hó jāak; chè hăang-dùk ḿ-hăang-dùk?
12. Ngăw yīu sīk-yèen; năy yău mŏ fáw-chăi?
13. Sìng-kăy yāt năy fàan-ḿ-fàan gòong?
14. Năy yĕe-gà fōng-gā; fōng dō gáy-sĕe?
15. Fày-gày chĕong hái bèen-dō?
16. Ngăw hái fáw-chè jāam gēen năy, hó ḿ-hó?
17. Sĕong sàan dīng-hāi lōk sàan sùn-fóo?
18. Kŏei bāat-sūp sōei. Năy wā kŏei lŏ dīng hāu-sàang?

19. Năy déem-yēong* sĕong sàan?
20. Fày-gày gáy-sĕe dō Gwóng-jàu?
21. M̆-ngàam ngăw-dāy hōei yău sóei?
22. Năy yău mŏ chăw fáw-shŭen lăi Hèong Góng?
23. Sūt-tsōy kŏei hó lŏ; năy wā kŏei gáy-dàw sōei?
24. Yàt hūp fáw-chăi gáy-dàw chĕen*?
25. Năy chăw mèe-yĕ chè lōk sàan?

A TRAIN JOURNEY

1. Hōei Gwóng-jàu fáw-chè gáy-déem hòy-chǐng?

What time does the train to Canton start?

2. Gáu déem bōon. Jōong yǎu hó dàw sěe-hāu. Nǎy mǎai-jáw fày mǎy?

Half past nine. There's still plenty of time. Have you bought the tickets yet?

3. Mǎy. Ngǎw-dǎy chǎw tǎu-dáng dǐng-hāi yēe-dáng?

Not yet. Shall we travel first or second class?

4. Yēe-dáng hó. Yāu shùe-fōok yāu pěng-dèe . . . M̌-gòy báy lěong jèong yēe-dáng pīu.

Second class is all right. It's comfortable and cheaper too. . . . Please give me two second class tickets.

5. Hōei bèen-shūe?

Where to?

6. Dōei m̌-jūe, ngǎw hó chún. Ngǎw-dǎy hōei Gwóng-jàu . . . M̌-gòy.

I'm sorry. I'm stupid. We're going to Canton. . . . Thank you.

7. Fāai-dèe sěong chè! Yàt tsūn tsǎu hòy. Hái fáw-chè jāam yǎu gūm dàw yǎn sōong pǎang-yǎu, hó nǎan sěong chè.

Hurry! Get on board! It'll be off in a moment! There's so many people in the station seeing friends off it's difficult to board the train.

8. Yǎu mǒ wāi*? Ā, nèe-shūe yǎu lěong gāw wāi*. Fāai-dèe chǎw là.

Any seats? . . . Ah, here's two. Sit down quickly!

9. Nèe-gā chè hó gòn-tsěng. Hāi m̌-hāi sùn-gē?

This train's very clean. Is it new?

10. Ngăw núm m̌-hāi. Dò m̌-hāi sūp-fùn gāu . . . Gáw tǐu chùen hó lēng. Năy tái-hǎ gūm dàw āap.

I don't think so. But it's not all that old. . . . That's a pretty village. Look! What a lot of ducks!

11. Sóei-ngăw tŏong-măai jùe dò yău.

And there are water-buffaloes and pigs too.

12. Gwāw-jáw nèe-tǐu hǎw-tɔái tsāu hāi Sùm-tsūn. . . . Ā, tǐng chè là. Hó dàw yǎn lōk chè.

Across this little river is Sumtsun. . . . The train's stopped. Lots of people are getting off.

13. . . . Nèe-tǐu hǎw hó fōot.

. . . This is a very wide river.

14. Nèc tǐu hāi Dòong Gòng. Nèe-shūe hāi Sēk-lǒong. Fáw-chè yīu gwāw kìu. Gwóng-jàu lǎy nèe-dō chà-m̌-dàw sāy-sūp Yìng-lǎy.

It's the East River. Here's Sheklung. The train's got to cross the bridge. Canton's about forty miles from here.

15. Năy wā năy mǎy hōei-gwāw Gwóng-jàu?

Did you say you've never been to Canton?

16. Ngăw sāi-ló-gàw-gē sěe-hāu hōei-gwāw yàt chēe. Năy yǎu mŏ fáw-chǎi?

When I was a boy I went once. Have you any matches?

17. Mŏ, dāan-hāi yǎu dá-fáw-gày. Chéng sīk-yèen; ngăw yěe-gà m̌-sīk.

No, but I've got a lighter. I'm not smoking but please do.

18. Háy-sáu lōk-yǔe.

It's beginning to rain.

19. Ngăw yěe-wǎi m̌-wŏoi hó chěe chǔm-yāt gūm dāai.

I don't think it'll be as heavy as yesterday.

20. Dò hāi gāu dāai. Hó chĕe chŭm-yāt yàt yĕong*. Yĕe-gà tĭng chè. Tsō mèe-yĕ?

It's heavy enough. Just like yesterday. The train's stopped. What's going on?

21. Hāi yàt gāw hó sāi-gē fáw-chè-jāam.

It's a small station.

22. M̆-sái gáy nōy ngăw-dāy dō Gwóng-jàu. Ngăw tái-gēen Bāak Wŭn Sàan. Gwóng-dòong sáang yău hó dàw sàan.

We'll soon be in Canton. I can see White Cloud Mountain. There are lots of mountains in Kwangtung.

23. Ngăw-dāy tău-sèen gìng-gwāw Dòong Gŏng. Gwóng-dòong jōong yău mŏ dāai hăw?

We crossed the East River a little ago. Are there any other big rivers in Kwangtung?

24. Yău. Hái Gwóng-jàu yău Jùe Gòng. Gwóng-jàu sēong-bēen gáw tĭu gīu-tsō Sài Gòng. Hāi hó chèong. Yāu yău Bùk Gòng.

Yes, at Canton there's the Pearl River. Above Canton it's called the West River (Si Kiang). It's very long. And there's the North River.

25. Sài Gòng yău mŏ Chĕong Gòng wāak Wŏng Hăw gūm chĕong?

Is the West River as long as the Yangtse or the Yellow River?

26. M̆-hāi, mŏ kŏei-dāy gūm chĕong. Chĕong Gòng tŏong-măai Wŏng Hăw sūp-fùn chĕong.

No, not so long as them. The Yangtse and the Yellow River are exceedingly long.

27. Nèe-shūe Gwóng-jàu. Dō-jáw là. Nìng lōk dèe hăang-lăy. . . . Hòy mŏon, lōk chè.

Here's Canton! We've arrived. Take the luggage down! . . . Open the door and get out!

Vocabulary

1. hòy-chǐng or hòy   to start (of vehicles).
2. fày   a ticket, from English 'fare'.
3. tǎu-dáng   first class (*lit.* head class or grade).
4. yēe-dáng   second class.
5. pīu   a ticket. Classifier 'jèong'.
6. chún   stupid.
7. fáw-chè jāam   railway station.
8. sōong   to see off, escort.
9. wāi*   a seat, place. Polite classifier for a person. See Lesson 1, Vocabulary 19.
10. sùn   new.
11. gāu   old (of inanimate things).
12. chùen   a village, classifier 'tǐu'.
13. āap   duck, classifier 'jēk'.
14. sóei-ngǎu   water buffalo, classifier 'jēk'.
15. jùe   a pig, classifier 'jēk'.
16. hǎw   a river, classifier 'tǐu'.
   hǎw-tsái   little river, stream.
17. Sùm-tsūn   a small town in Kwangtung Province.
18. tǐng   to stop.
19. Dòong Gòng   the East River (in Kwangtung).
20. Sēk-lòong   a town in Kwangtung.
21. kǐu   a bridge, classifier 'dō'.
22. sāi-ló-gàw   a boy.
23. dá-fáw-gày   a lighter (*lit.* strike-fire-machine).
24. háy-sáu   to begin (*lit.* raise hand).
25. yěe-wǎi   to think, have an opinion.
26. yàt yēong*   the same.
27. Bāak Wǔn Sàan   White Cloud Mountain (near Canton).
28. sáang   a province.
29. gìng-gwāw   to cross, pass by.
30. Jùe Gòng   the Pearl River.
31. Sài Gòng   the West River or Si Kiang.

32. Bùk Gòng   North River.
33. Chěong Gòng   the Yangtze Kiang, always called the
    Long River by the Chinese.
34. Wǒng Hǎw   the Yellow River, the Huang Ho.
35. hǎang-lǎy   luggage.

Notes

1. Sentence 1. Note again how the adjectival words 'go to
Canton' come, quite logically, before the noun they qualify.

2. Sentences 2 and 18. The word 'to begin', 'hòy chǐng',
sometimes simply 'hòy' (to open) is used of vehicles and
other machines. You remember that 'hòy' is also used to
switch on the light—'hòy dàng'. 'Háy sáu' literally means
'raise the hand' and is used of other starting operations.

3. Sentence 7, etc. To get on to and alight from a vehicle
of any kind is rendered by 'sěong'—to ascend—and 'lōk'—to
descend. On the other hand to board a ship is 'lōk shǔen'
and to disembark is 'sěong shǔen'.

4. Sentence 10. The Chinese have two words for 'old',
one for persons—'lǒ'—and one for inanimate things—'gāu'.
They cannot be used interchangeably.

5. Sentence 10. The classifier for a village is 'tǐu', used for
long, narrow things like roads and snakes (also trousers).
Small villages in China tend to be long and narrow,
perhaps a single street.

6. Sentence 11. The water-buffalo, quite literally 'sóei-
ngǎu', is the grey, big-horned animal used for ploughing
the wet paddy fields of South China and all over South-east
Asia.

7. Sentence 24. The Pearl River (Jùe Gòng) is really the estuary of the West River (Sài Gòng), from Canton to the sea. Hong Kong and Macao are on the eastern and western extremities of the delta. The West River is the third of China's great rivers but it is very much shorter than the two giants, the Yangtse and the Yellow River.

8. Sentence 25. Note the use of 'yǎu mǒ' in this sentence. It would also have been right to use 'hǎi m̌-hǎi'. But in the following sentence after saying 'm̌-hǎi', it is essential to continue with 'mǒ'.

9. Sentence 27. 'Take down' is rendered quite simply by 'nìng lǒk' in the same way as 'take'—'nìng hōei'—and 'bring'—'nìng lǎi'.

10. Sentence 27. You will have noticed that Chinese is sparing with 'ands'. 'Tǒong' and 'tǒong-mǎai' cannot link actions. And there is no need; 'open the door, get out!'

Drill

I. Starting and stopping.

    1. Fáw-chè gáy-déem hòy-chǐng?
    2. Hòy chè là!
    3. Yàt tsūn bà-sée tsāu hòy.
    4. Kǒei háy-sáu dōok-shùe.
    5. Ngǎw háy-sáu tái nèe-bō shùe.
    6. Gíng-chāat gīu nǎy tǐng chè.
    7. Kǒei yǎu bēng, yīu tǐng gòong.
    8. Kǒei háy-sáu góng ngǎw tsāu jèe kǒei hǎi ngōy-gwōk yǎn.
    9. Bà-sée mǒ tǐng, yàn-wāi mǒ wāi*.
  10. Fáw-shǔen chàt déem hòy-chǐng.

II. Getting on and off, going up and down.

1. Fāai-dèe sĕong chè là!
2. Ngăw nèe-shūe lōk chè.
3. Yăn tāai dàw, kŏei m̀-háw-yĕe sĕong chè.
4. Mŏ wāi* là!   Năy yīu lōk chè!
5. Hăang lō sĕong sàan hó sùn-fóo.
6. Gā fày-gày yĕe-gà lōk-gán.
7. Kŏei sàam déem sĕong dō sàan-déng.
8. Tĭng chè là!   Ngăw yīu lōk chè.

III. New, old and young.

1. Nèe-gā chè sùn-gē.
2. Nèe-gā hó gāu, măai-jáw sūp nĕen chĕen.
3. Wŏng sèen-sàang hó lŏ, yĕe-gìng bāat-sūp sōei.
4. Năy m̀-hāi gáy lŏ, bùt-gwāw lōok-sūp gáy sōei.
5. Kŏei hó hāu-sàang, sūp-gáu sōei.
6. Nèe-gàan-òok hó gāu, háy-jáw yàt bāak nĕen.
7. Nèe-gēen sàam sùn-gē, chŭm-yāt māai-gē.
8. Kŏei sùn lăi-gē.   (Newly come.)
9. Nèe-gàan pō-táu sùn hòy-gē.
10. Kŏei măai-jáw yàt gàan sùn òok.

More Practice

Read aloud and answer the following according to the Dialogue—and then in other ways.

1. Sēk-lŏong lăy Gwóng-jàu gáy-dàw Yìng-lăy?
2. Hái Gwóng-jàu tĭu hăw gīu-tsō mèe-yĕ mĕng*?
3. Hōei Gwóng-jàu dèe yăn chăw mèe-yĕ dáng?
4. Déem-gáai?
5. Kŏei-dāy tái-gēen mèe-yĕ?
6. Fáw-chè gáy-déem hòy-chĭng?

7. Sài Gòng yă"u mŏ Chĕong Gòng gūm chĕong?

8. Fáw-chè hái bèen shūe tĭng chè?

9. Hái fáw-chè jāam năan m̆-năan sĕong chè?

10. Déem-gáai? Fáw-chè gòn m̆-gòn-tsēng?

11. Kŏei mŏ fáw-chăi. Kŏei yău mèe-yĕ?

12. Déem-gáai yău gūm dàw yăn hái fáw-chè jāam?

13. Bèen-shūe yău yàt dō kĭu?

14. Hái Gwóng-jàu gáw-gāw sàan gīu-tsō mùt-yĕ?

15. Déem-gáai gáw-gāw yăn m̆-gāy-dùk măai fày?

16. Hái gáw-tĭu chùen yău mŏ āap tŏong sóei-ngău?

17. Gwóng-dòong sáang yău mèe-yĕ gòng?

18. Hái Jòong-gwōk bèen-tĭu hăw tsēoi chĕong?

19. Fáw-chè dō-jáw Gwóng-jàu kŏei-dāy tsō mèe-yé?

20. Bāak Wŭn Sàan hái bèen-shūe?

HOUSEKEEPING

1. Ā Yìng! Nìng nèe-gēen sàam hōei sái. Sái hó tsāu yīu tōng.

   Ah Ying! Take this dress and wash it. And then iron it.

2. Ngǎw m̆-dùk-hǎan. Ngǎw yīu sō dǎy, māat gà-sèe sèen.

   I'm busy. I have to sweep the place and dust the furniture.

3. Gúm, nǎy māat hó dèe gà-sèe jèe-hāu tsāu yīu sái sàam. Ngǎw gùm-yāt hā̆-jāu yīu jēok.

   Well, when you've dusted the furniture, wash the dress. I need to wear it this afternoon.

4. Hó là, ngǎw yàt tsūn tsāu tsō̆-yǔen.

   All right, I'll be finished soon.

5. Nǎy tèng-hǎ! Yǎu yǎn gūm jòong. Ngǎw tsēe-gáy hōei. . . . Hāi pāai-sūhn ló . . . Nèe-shūe yǎu yàt fòong sūhn báy nǎy . . . hái Gwóng-jàu lǎi-gē.

   Listen, someone's ringing the bell. I'll go myself. . . . It's the postman. Here's a letter for you . . . it's from Canton.

6. Èi-yá! Ngǎw m̆-gāy-dùk tsùp hó dèe chǎ bòoi.

   I say! I forgot to clear away the teacups.

7. Fāai-dèe, fāai-dèe là! Síu sùm māat·gòn-tsēng gáw-dèe yée tǒong-mǎai nèe-jèong tǒy*.

   Hurry up then! And be careful when you dust these chairs and the table.

8. Hó là, hó là.

   All right.

9. Ngǎw tsēe-gáy tsùp hó dèe chǒng, tsùp hó dèe sōei-yèe tǒong-mǎai dèe hǎai.

I'll do the beds myself and put away the pyjamas and shoes.

10. Nèe-gā sái-yèe-gày wāai-jáw.

This washing machine's out of order.

11. M̌-hāi wāai-jáw; nǎy m̌-sìk yōong; nǎ, hāi gúm yēong*.

It's not out of order; you don't know how to use it; it's this way.

12. Ngǎw nìng nèe-tǐu fōo gwā hái yèe-gwāi hó mā?

Shall I hang this pair of trousers in the wardrobe?

13. Hó là. Nèe-dèe sáu-gùn-tɛái jài hái gwāi-tóong.

Yes, and put these handker-chiefs in the drawer.

14. Ngǎw fōng dèe sáu-gùn-tsái hái nèe-gāw gwāi-tóong, hāi m̌-hāi?

Shall I put the handker chiefs in this drawer?

15. M̌-hāi, gáw-gāw gwāi-tóong fōng mūt, fōng dèe sáu-gùn-tsái hái hā-bēen gáw-gāw gwāi-tóong.

No, that drawer has socks, put the handkerchiefs in that drawer below.

16. Èi-yá! Hó yēet, ngǎw yīu hòy dēen-fòong-sēen. Hó háw-sìk ngǎw-dǎy mǒ lǎang-hāy-gày.

I say! It is hot! I'd better switch on the electric fan. What a pity we haven't an air-conditioner.

17. Ngǎw-dǎy mǒ gūm dàw chěen*. Yěe-ché ngǎw-dǎy ngàam-ngàam mǎai-jáw yàt gā sùn dēen-lǒ.

We're not so well off. And what's more we've just bought a new electric cooker.

18. Júe chàan ngǎw wā yōong mǒoi-hāy-lǒ hó gwāw dēen-lǒ.

For cooking I think a gas cooker is better than electric.

19. M̌-hāi. Fāai-dèe là! M̌-hó sàai sēe-hāu.

Oh no. Hurry up. Don't waste time.

Vocabulary

1. sō to sweep.
   sō dāy to sweep the floor.
   dāy-fòng a place.
2. māat to wipe, dust.
3. gà-sèe furniture.
4. -yŭen a verb suffix meaning finished.
5. gūm to press.
6. jòong a bell.
   gūm jòong to press a bell.
7. pāai-sūhn ló postman (*lit.* 'deliver-letters' fellow'—
   colloquial).
8. tsùp to pick up.
   tsùp hó to clear away, tidy up.
9. yée a chair, classifier 'jèong'.
10. tŏy a table, classifier 'jèong'.
11. chŏng a bed, classifier 'jèong'.
12. sōei-yèe pyjamas (*lit.* 'sleeping clothes').
13. sái-yèe-gày a washing machine (*lit.* 'wash—clothes
    machine').
14. wāai-jáw broken, out of order.
15. gwā to hang up.
16. yèe-gwāi wardrobe (*lit.* 'clothes cupboard').
17. sáu-gùn-tsái handkerchiefs (*lit.* 'small hand cloths').
18. jài to put, place.
19. gwāi-tóong drawer.
20. fōng to place, release, let go.
21. mūt socks, classifier 'dōei'—a pair.
22. dēen-fòong-sēen electric fan (*lit.* 'electric wind fan').
23. háw-sìk what a pity!
24. lăang-hāy-gày air-conditioner (*lit.* 'cold air machine').
25. yĕe-ché moreover.
26. dēen-lŏ electric cooker.
27. mŏoi-hāy-lŏ gas cooker.
28. sàai to waste.

Notes

1. Sentences 1, 3 and 4. To express completion of an action add 'hó', i.e. good or well. This is a satisfying concept as it combines the sense of the job being done well with the notion of being finished. In English we say: 'I have finished washing the clothes'. In Cantonese this is:

'Ngăw sái hó dèe yèe-fōok'.

Where the sense of doing well is not called for the verb suffix '-yŭen' meaning finished is added. Thus in Sentence 4 we have 'tsō̄-yŭen'—finished.

2. Sentence 3. The verb 'jēok' to wear, put on, prefers a following object In this case it is understood.

3. Sentences 10 and 16. With the words for washing machine and air-conditioner in this Lesson we have now had five instances of compounds using the word 'gày' which itself means 'machine'. These are:

fày-gày	aeroplane (flying machine).
dá-fáw-gày	cigarette lighter (strike fire machine).
sái-yèe-gày	washing machine.
lăang-hāy-gày	air-conditioner (cold air machine).
dá-tsēe-gày	typewriter (strike characters machine).

4. Sentence 10. The word for 'broken down', 'out of order' —'wāai-jáw'—is always given with the verb suffix '-jáw'— (completed action). This word can also be used to mean 'gone bad' in the case of food, fruit, etc. 'Broken', however, as in the case of glass or crockery is rendered by another word with the same verb suffix, viz. 'lāan-jáw'.

5. Sentence 12. 'Yèe-gwāi' is a clothes cupboard or wardrobe. Two other useful compounds are 'shùe-gwāi', a book-case, and 'sūet-gwāi', a refrigerator (*lit.* ice-cupboard).

6. Sentences 13 and 14. Here are the two words for 'put' or 'place'. 'Fōng' is the word for 'release' which we have found in 'fōng-gā', a holiday, and here contains the sense of dropping or laying down the article in question. It is sometimes used with the verb to descend or go down— 'fōng-lōk'.

Drill

I. Finishing an action.

1. Ngăw sái hó dèe sàam.
2. Tōng hó ngăw tĭu fōo mãy ā? Tōng hó.
3. Năy sé hó fòong sūhn báy năy-gē bā-bà mãy? Sé hó.
4. Kŏei ngàam-ngàam góng-yŭen.
5. Ngăw sīk-yŭen fãan.
6. Gáw-gàan sùn òok háy hó mãy? Háy hó.
7. Năy tsō-yŭen mãy ā? Tsō-yŭen.
8. Fāai-dèe tsùp hó dèe bòoi.
9. Déem-gáai năy mãy māat hó dèe gà-sèe? Ngăw m̃-dùk-hăan.
10. Năy yău mŏ măai gā hāy-chè? Măai hó là.

II. Periods of the day.

sēong-jāu	morning, forenoon.
hā-jāu	afternoon.
tsìu-tsó (or 'tsìu-tău-tsó')	early in the morning.
ān-jāu	mid-day, lunch-time.
yē măan	night.

1. Ngăw sēong-jāu tŏong kŏei yúm gā-fè.
2. Gùm-yāt lăi-bāai-lōok; hā-jāu m̃-fàan gòong.
3. Năy gáy-sĕe lăi? Sēong-jāu dĭng-hăi hā-jāu?
4. Tsìu-tău-tsó ngăw sĕe-sĕe yúm bòoi chă.
5. Năy tsìu-tsó gáy déem háy-sùn? Chàt déem.

6. Ān-jāu ngăw m̀-fàan òok-káy sīk fāan.
7. Ngăw yāt-yāt yàt déem sīk ān-jāu.
8. Yē măan năy gáy-déem fūn-gāu?
9. Tsìu-tsó jēe-dō yē-măan kŏei hó kŭn-līk tsō gòong.
10. Ngăw-gē nŏei sēong-jāu hōei kōk-hāau, ngăw-gē tsái hā-jāu hōei.

III. 'wāai-jáw'   out of order, broken down, gone bad.
     'lāan-jáw'   broken.
     'm̀-hăang'   it won't go.
     'dá-lāan'   to break.

1. Nèe-gā lăang-hāy gày wāai-jáw, m̀-hăang.
2. Gáw-jēk chă bòoi lāan-jáw, m̀-yōong-dùk.
3. Kŏei-dāy dá-lāan dèe chèong-mŏon.
4. Nèe-dèe sàang-gwáw wāai-jáw, m̀-sīk-dùk.
5. Gáw-gā dēen-fòong-sēen wāai-jáw, m̀-hòy-dùk.
6. Ngăw gā hāy-chè, wāai-jáw, m̀-hăang.
7. Nèe-dèe jùe-yōok wāai-jáw, m̀-sīk-dùk.
8. Ngăw-gē dá-tsēe-gày wāai,jáw.
10. Ngăw-gē yŭen-bùt lāan-jáw.

IV. 'jài', 'fōng'—put, place.

1. Jài dèe bòoi gáw-shūe.
2. Fōng dèe shùe hái shùe-gwāi.
3. Fōng dèe mūt hái gwāi-tóong.
4. Tsùp hó dèe bòoi jài gwāi shūe.
5. Dèe bè-tsáu jài hái gāw sūet-gwāi.
6. Fōng dèe hăai hái yèe-gwāi.
7. Jài gáw-jèong yée gáw-shūe.
8. Fōng lōk dèe fà nèe-shūe.

V. ʻháw sìk'—what a pity!

1. Háw sìk lōk-yŭe, kŏei-dāy m̀-háw-yĕe dá-bàw.
2. Háw sìk ngăw mŏ chĕen* măai nèe-bō shùe.
3. Hó háw-sìk kŏei-gē fōo-chùn sáy-jáw.
4. Háw-sìk kŏei yău bēng, m̀-hōei-dùk hōk-hāau.
5. Háw-sìk ngăw m̀-híu góng Yìng-gwōk wā*.

More Practice

Read aloud and answer the following according to the Dialogue and also just as you please:

1. Déem-gáai tāai-tāai* gīu Ā Yìng sái tōng kŏei-gē sàam?
2. Ā Yìng wā kŏei m̀-dùk-hăan. Déem-gáai?
3. Déem-gáai kŏei-dāy mŏ lăang-hāy gày?
4. Kŏei-dāy yău dēen-lŏ dīng-hāi mŏoi-hāy-lŏ?
5. Bèen-gāw gūm jòong?
6. Ā Yìng yīu gwā tĭu fōo bèen-shūe?
7. Kŏei-dāy yău yàt gā sái-yèe-gày; hāi m̀-hāi wāai-jáw?
8. Tsìu-tsìu Ā Yìng yīu tsō mèe-yé?
9. Ā Yìng jòong-yĕe yōong mèe-yé lŏ júe chàan?
10. Yău mùt-yĕ hái yèe-gwāi?
11. Ā Yìng sái hó dèe sàam yīu tsō mèe-yĕ?
12. Kŏei yīu jài dèe sáu-gùn-tsái bèen-shūe?
13. Bèen-gāw tsùp hó dèe sōei-yèe tŏong-măai dèe hăai?
14. Pāai-sūhn-ló nìng yàt fòong sūhn báy bèen-gāw?
15. Gáw fòong sūhn hái bèen-shūe lăi?
16. Pāai-sūhn-ló lăi, kŏei tsō mèe-yĕ?
17. Yŭe-gwáw hó yēet yīu tsō mèe-yĕ?
18. Háw m̀-háw-yĕe hòy lăang-hāy-gày?
19. Bèen-gāw sō dāy, māat gà-sèe?
20. Ā Yìng m̀-gāy-dùk tsō mèe-yĕ?
21. Tāai-tāai* gīu Ā Yìng māat hó mèe-yĕ?
22. Bèen-gāw wā m̀-hó sàai sĕe-hāu?   Déem-gáai?
23. Ā Yìng jòong m̀-jòong-yĕe kìng-gái?
24. Fūn-gāu fŏng* yău mŏ chŏng?   Yău gáy-dàw jèong?
25. Nèe-bóon shùe năy dōok-yŭen māy?

CHINESE CHARACTERS VERSION OF THE DIALOGUES

THE Dialogues, not the Drills, of the twenty Lessons are given here in Chinese characters. It is not intended that the student of *spoken* Cantonese should attempt to learn them although the student of written Chinese may find them useful (and curious as there are a number of non-standard characters and usages). The Dialogues are given in characters so that a Cantonese-speaking Chinese may read them aloud and give the student an opportunity of hearing and mimicking true Cantonese speech. The characters in the Introduction are given for the same purpose. If at all possible, the student should record the Tone Tables and the Dialogues from a Cantonese-speaking Chinese.

第一課

1　王先生，早晨。

2　何先生，早晨，幾好嗎？

3　幾好，你呢，你食咗飯未呀？

4　食咗，唔該，你呢？

5　我食咗，唔該。

6　呢位係李先生，佢係學生。

7　李先生，你係唔係英國人？

8　係，我係英國人。

9　李先生係學生，你學乜嘢？

10　我學講廣東話。

11　李先生食咗飯未？

12　食咗，唔該。

第二課

1 你有冇房？

2 你哋幾多個人？

3 我哋兩個人。

4 你哋係唔係美國人？

5 唔係，我哋係英國人。

6 你哋幾時嚟香港？

7 我今日嚟，我嘅朋友噚日嚟。

8 你要住幾耐？

9 我今日嚟，佢噚日去星加坡，我要住三日。

10 羅先生要住一日，佢噚日去星加坡，我要住三日。

11 好啦，呢度有一間房，嗰度有一間，兩間都好靚。

唔該。

第三課

1 請問你貴姓？

2 我姓李，你呢？

3 我姓張，你嚟咗香港幾耐？

4 我嚟咗四日。

5 唉吔！四日！你識講中國話。

6 小小。

7 你嚟香港做生意係嗎？

8 唔係，我嚟讀書。

9 你嚟讀乜嘢書？

10 我嚟讀中文，學講廣東話，邊個嚟？呢位係李先生。

11 係我太太同埋我哋細紋仔。呢位係李先生。

12 張太太識講英文嗎？

13 我唔識講，我識聽小小。

14 你哋喺邊處住？

15 我哋喺九龍住，你呢？

16 我喺灣仔住。

17 唔啦，我哋要番去食飯，再見。

18 再見。

第四課

1　李先生，早晨，請坐，你今日去邊度？

2　我去見我嘅朋友。

3　佢喺邊度住？

4　佢喺酒店住。

5　離呢處遠唔遠？

6　好遠，我要坐巴士或的士去。

7　你冇汽車？

8　冇……喂，的士！我要去明華酒店，你識唔識路？

9　識，離呢處兩英里，好近嘅。

10 两英里，唔係幾遠，呢架車行得好快。

11 唔係十分快，呢處有好多車，我而家要行慢的。

12 唳吔，咁多車。

13 你點樣嚟香港？

14 我坐飛機嚟，我太太坐船嚟。

15 你識唔識揸車？

16 唔識，我而家學揸。

17 呢處係明華酒店。

18 好大間，幾多錢？

19 五蚊，多謝。

第五課

1 呢條路有咁多舖頭！你想唔想買嘢？

2 我唔想，呢間賣乜嘢？

3 呢間賣書，箇間賣生果。

4 左便箇間係唔係銀行？

5 唔係，箇間係酒家，你幾點鐘食晏晝？

6 一點鐘，而家幾點？

7 而家十二點四個字。

8 唔係，而家十二點半。

9　呢條係乜野路？

10　呢條係中山道，右便係人清道。箇處有一間戲院。

11　你鍾意睇戲嗎？

12　唔鍾意，我鍾意睇書。

13　坐箇度箇個女人做乜嘢？

14　佢賣報紙。

15　唉吔！咁多車。咁多人，我要快啲番屋企。而家十二點七個字。

16　我都要番屋企，我十二點三個骨食晏晝，再見。

17　再見。

10 我唔買，呢枝筆幾多呢？

11 呢枝墨水筆七蚊。

12 好，我買兩枝。

13 愛唔愛鉛筆呢？

14 唔愛，我要買啲紙，呢啲幾多？

15 三個七五十張，你愛幾多張？

16 我要一百張，重要一本部。

17 呢本部四毫子，愛唔愛？

18 唔愛，箇本呢？

19 箇本平啲，三毫子。

第六課

1 亞英！我哋出街買嘢。

2 你哋番唔番嚟食晏？

3 番；我哋一點番嚟食晏晝。

4 ……箇本書幾多錢？

5 呢本中文書？

6 唔係，箇本英文嘅。

7 呢本十四蚊。

8 咁貴呀！

9 唔係貴，好平嘅咋。

第六課（二）

20　要，我要兩本，山罷嚱幾多錢？

21　兩枝墨水筆十四蚊，一百張紙七個四，兩本部六毫子，山罷嚱二十二蚊。

22　呢處三十蚊。

23　我俾番八蚊你。多謝，多謝，再見。

24　再見……我想買啲花。呢啲幾多錢？

25　呢啲紅色嘅？呢啲三毫子一枝。

29 28 27 26

26 好貴。箇啲白色嘅呢？

27 箇啲平啲，两毫子一枝。俾六枝我，個二係嗎？呢處两蚊。

28 我鍾意啲白色嘅。

29 我俾番八毫子你。呢個月啲花最靚。喺香港十一月，十二月啲花最多。

第七課

1 你點解讀中文？

2 因爲好有用。

3 係咩？呢間學校有幾多個學生？

4 我唔知，我估有差唔多三十個學生。

5 你話學中文難唔難呢？

6 學講唔係十分難，但係學寫字好難。

7 學英文容易唔容易呢？

8 唔係十分容易。

9 你會唔會寫中國字？

10 我唔會，但係我嘅朋友羅先生會。

11 佢識唔識睇中文報紙？

12 未，佢讀咗中文無幾耐，佢好識講廣東話。

13 你識唔識講國語？

14 小小，我稔國語冇廣東話咁難。

15 你話國語容易過廣東話？點解？

16 因爲國語冇咁多音。

17 而家好多西人學中國話。

18 係呀，而家好多美國同埋英國大學教中文。

19 你要學廣東話幾耐？

20 两三年，因爲我唔係日日讀書，所以我學得好慢。

21 你以經識講好多。

22 唔係，好少嘅啫。

第八課

1 飲杯茶啦。

2 唔該，呢啲茶好好飲。

3 幾好，呢啲係中國茶，好香。

4 食啲點心啦，你曉唔曉用筷子？

5 曉，唔係幾難用。

6 有好多樣點心，你鍾意乜嘢？

7 呢啲係咪嘢？

8 呢啲係蝦，箇啲係豬肉，箇便箇啲係雞。

9 我鍾意食雞。

10 愛唔愛飯？白飯？炒飯？

11 一碗白飯，你係唔係時時嚟呢處食晏晝？

12 唔係，有時番屋企，有時去第二間酒家。

13 呢啲餸十分好食。

14 好平常，唔好客氣，請食啲菜，愛唔愛湯？

15 我食得好飽，你食好少。

16 唔係，我要食啲麵，喂，伙記，擰一碟麵嚟。

17 我重愛啲茶……唔該，唔吔，兩點鐘，我要番寫字樓。

18 多謝，多謝。

19 伙記，埋單。

20 唔好客氣，再見。

第九課

1 你姓咪嘢？

2 我姓陳。

3 你叫做咪嘢名？

4 我叫做學明。

5 你幾多歲？

6 我廿七歲。

7 你喺邊度出世？

8 我喺廣州出世。

9 你幾時嚟香港？

19 你教乜嘢？

18 喺一間中學。

17 喺邊處教書？

16 我係教員。

15 你而家做咪嘢事？

14 一個仔，一個女。

13 你有冇仔女？

12 我結咗婚四年。

11 你結咗婚未？

10 我一九五八年嚟。

第九課 （二）

20 我教英文。

21 現在想做乜嘢呢？

22 我想做秘書。

23 你要幾多薪水？

24 一千蚊。

25 太多，等一陣，我要聽電話。喂？

一千蚊。

你要幾多薪水？

我想做秘書。

現在想做乜嘢呢？

我教英文。

我唔等閒，對唔住：：陳先生，唔好意思，你話要一千蚊？我俾

七百五，如果你做得好，或者我俾多啲，好唔好？

26 好。

27 我唔記得問你，你識打字嗎？

28 一定識，我幾年前學過打字。

29 請睇呢封信，係英文嘅，你明唔明白？

30 明白。

31 好啦，請你三月一號嚟做。

第十課

1 今日眞係好熱。

2 係，尋日涼爽啲，因爲落雨。

3 尋日落好大雨，香港嘅天氣係咁樣，四五個月好熱，兩三個月好冷，三四個月暖暖哋。

4 尋晚因爲咁熱，我覺得好唔舒服，好難瞓教。

5 你有冷氣？

6 冇，我想買一架冷氣機，你今日有冇去打波？

7 我冇去，因爲熱過頭。

8 係眞嘅，現在好大風，你諗會唔會打風呢？

9 我諗唔會，啲風唔係十分大。

10 你有冇去過英國？

11 我未去過，你呢？

12 我去過一次，英國啲天氣凍過香港好多。

13 係咩？有冇落雪？

14 有，喺北京，上海都有時落雪。

15 箇處一定要着好多衣服，係唔係？

16 係，要着好多衫。

17 尋晚落大雨，我嘅衫好濕，今朝都未乾。

18 聽朝如果好天，我想去打波。

19 我諗聽日一定好天。

第十一課

1　眞係好耐冇見。你喺邊處咁耐?

2　喺南京,我舊年番嚟香港。

3　你喺南京做乜嘢?

4　我去見我父母。

5　兩個都好嗎?

6　父親好但係母親有病,佢現在好番啲,你父母呢?

7　我媽媽死咗,爸爸仲喺處,佢好老,八十幾歲。

8　上個禮拜我見過你嘅細佬,佢話今年會結婚。

9　係,同一位陳小姐,我唔記得佢嘅名,佢喺下個月結婚。

10 我大佬啱啱結咗婚，佢嘅太太係羅慶明嘅妹。

11 唔係佢嘅妹，係佢亞姊，慶明係我老朋友，佢出年去英國做生意。

12 我喺南京嘅時候見過劉偉昌，你記唔記得佢？

13 記得，佢以前喺香港做醫生。

14 我喺南京嘅時候見過劉偉昌，你記唔記得佢？

15 你點樣去南京㗎？

16 我坐火車去，係好舒服。

17 番嚟嘅時候呢？

18 我坐飛機番嚟。

第十二課

1　喺香港有好多山。

2　冇錯，喺香港個海島嘅山好高，喺九龍嘅山冇咁高。

3　香港有好小地方起屋，所以起咗咁多高樓，

4　係，地方細，人多。

5　冇錯，你喺邊處住？

6　喺灣仔，一間好高嘅樓，有二十層，我哋喺十七樓。

7　喺香港南便有一撻地方叫做香港仔，係唔係？

8　喺箇處有好多船仔。有好多攞魚人。

9 香港南便有深水灣同埋淺水灣，個城市喺北便。東便，西便有好多海島。

10 簡間係乜嘢？

11 簡間係大會堂，後便有幾間銀行同埋酒店，大會堂前便有海，過海係九龍。

12 飲多一杯茶，喂！伙記，多兩杯茶。

13 王先生講俾我聽佢而家喺沙田住。

14 好遠，佢要日日過海嚟做工。

15 佢喺邊度做工？

16 喺上海銀行。

17 你自己喺邊度住？

18 喺北角。

19 你坐咪嘢車番屋企？

20 我坐電車。

21 你坐電車樓上定喺樓下？

22 我時時坐樓上。

23 香港有好多車。

24 眞係，太多。

第十三課

1 你喺邊處讀書？

2 香港大學，你呢？

3 我喺香港中文大學新亞書院。

4 我讀醫學。你讀咪嘢？

5 我讀中文同埋中國歷史。我哋下個禮拜考試。

6 我哋下個月都考試，我好怕考唔到，唔夠時候讀咁多嘢。

7 你唔使怕，你咁聰明，你一定考到。

8 我下個月都考試，我好怕考唔到。

9 希望考到但係話唔定。

10 你間大學嘅學生多數係男仔，係唔係？

11 多數係，不過都有好多女仔，佢哋多數讀文學。

12 唔該，我唔食，你夠唔夠時候飲杯喀啡？

13 唔够時候，我要去醫院，你呢？

14 我要去圖書館。

15 你搭巴士去嗎？呢個時候好難搭巴士，人多，而家唔好去。

16 我知，我尋日搭唔倒車，不過有法子，我一定要去。

17 你幾時畢業？

18 我希望出年。

19 我重有兩年，我畢業之後希望去外國讀書，去外國嘅學生多數去英國同埋美國。

20 我而家去罅。

21 喂！小心！有車嚟罅。

22 多謝，真係好危險。

23 要好小心行過馬路。

第十四課

1 喂，你搵邊位？

2 王先生喺處嗎？

3 王先生？呢處冇人姓王，你搭錯線。

4 你幾多號電話？係唔係二六二三零一？

5 一陣，呢處好黑，我睇唔見，要開燈，呢處二七二三零一。

6 對唔住，我搭錯線。

7 你係邊位？

8 我係李華德，王先生頭先打電話叫我打番俾佢。

9 等一陣，我叫佢嚟聽電話。

10 喂，華德，幾好嗎？好耐唔見。

11 眞係，你頭先打電話俾我。

12 冇錯，你聽朝得閒嗎？

13 我得閒，點解呢？

14 我有啲事幹想同你講。

15 係咪嘢事？係唔係好緊要嘅？

16 唔係十分緊要嘅，不過我想見吓你。

17 咪嘢話？我唔明白，係咪嘢事。

18 係咁樣，我想結婚。

19 嘩！同邊個？

20 同何小姐，即係何美芳，佢喺天安公司做打字。

21 我識佢，我聽講佢父親好有錢，唔洗等到聽朝見你，你幾點鐘放工？

22 五點，但係我唔得閒，我要番屋企打理我嘅細佬，佢有病。

23 我朝朝九點番工就會打電話俾你，十一點以後我得閒同你飲喫咖啡。

24 好好，十一點咁上下我得閒，我一聽到你電話我就嚟。

第十五課

1 我今晚着咪嘢衫?

2 箇件藍色嘅好靚。

3 箇件衫乂靚又薄。

4 我着咪嘢好呢?箇套灰色衣服啱嗎?

5 好,今晚好熱。

6 啱晒;今晚係唐餐定係西餐?

7 我諗係西餐,呢條褲唔係幾乾淨。

8 唔係污糟,淨係要熨吓,亞英,擰呢條褲去熨。

9 呢套衣服咁厚,我怕我會好熱。

10 唔會,張先生間屋有冷氣,你唔使怕。

11 應該,你知唔知張先生請邊啲人客食餐?

要唔要送啲花俾張太太?

21 唔係，禮拜一，禮拜三卽係兩次，唔緊要，冇辦法，我而家去冲涼，你要記得叫的士嚟。我地要八點鐘到張先生處。

20 唔係晚晚，呢個禮拜一次啫。

19 我已經好喇，我地晚晚都出街。

18 叫亞英閂埋啲門同埋啲窗門，佢應該去瞓教，我地一定好夜番嚟。

。

17 亞英，擰我對鞋嚟。

16 我唔知，叫亞英擰你嘅鞋嚟，佢一定知道喺邊處。

15 我對鞋喺邊處？

14 重未冲涼？我冲咗好耐嚹。

13 唔怕，重有好多時候，未夠七點，洗乜咁快？我重未冲涼。

12 我唔知道，你做咪嘢咁慢？要快啲着衫。

第十六課

1 佢係邊國人？

2 佢係印度人，坐箇處箇個係馬來人。

3 住星加坡嘅多數係咪嘅人？

4 多數係唐人，卽係佢地本來係中國嘅嘅。

5 呢處人口幾大？

6 差唔多二百萬。

7 咁多！唐人，印度人有時番自己祖家，係唔係？好似美國舊陣

8 現在唔番，星加坡係佢地國家，佢地喺呢處出世，

9 時。箇處嘅西人本來喺歐洲嘅嘅。

10 可以唔可以而家食飯？

11 可以，但係最好我地等黃小姐嘅。

12 當然啦！我唔記得。

你搵倒工人未？

13. 我得一個啫，司機，花王好難搵；而且人工好貴，我搵倒箇個係唐人，佢做咗洗熨，我自己去街市買嘢，煮餐，我時時唔得閒。

14. 箇處飲茶箇啲係咪嘢人？

15. 我聽佢地講，好似係美國人。

16. 唔係佢地，箇便個嘅。

17. 唔知呢，好似係日本人，呢間酒家有好多種人，唉吔！以經七點半，做咪嘢黃小姐重未嚟，佢好遲。

18. 我諗佢一定嚟緊。

19. 就嚟架罅，佢同邊個嘅？

20. 對唔住，我好遲到。

21. 冇問題，我地即刻去樓上食飯，呢處樓下好嘈，呢位……？

22. 胡小姐，我地尋日一齊番嚟星加坡。

23. 請坐，隨便坐，咁好機會傾吓。

第十七課

1 我唔鐘意呢份工。

2 點解唔鐘意？

3 因爲好辛苦。

4 點樣辛苦？

5 我要好早番工——六點鐘。

6 咁早，你要好早起身。

7 係，我朝朝四點半起身，五點半要過海，而且人工好小。

8 你細佬做咪嘢工？

9 佢都係打工，佢做伙記，我大佬做警察。

10 做警察都幾辛苦。

11 佢唔辛苦，佢係警官。

12 佢好聰明。

13　唔係幾聰明，但係佢好勤力，我好懶，平安公司邊個做老板？

14　林偉豐，點解？

15　你識佢嗎？你幫我喺平安公司搵份工做，好嗎？我同林先生唔係幾熟，你係唔係

16　你要我介紹你俾林偉豐，係嗎？想做伙記？

17　唔係，我可以做打字或秘書，唔該你介紹我。

18　好啦，我希望你搵倒工作。我聽話平安而家請人，生意好好嘅，佢地有三間工廠，每一間請千幾人。

19　啲工人有冇工會？

20　有，多數係會員。

21　有冇假期？

22　有，每個禮拜放一日假，人工都幾好。

第十八課

1　今日星期六，你想做咪嘢？

2　唔啱我地去游水，去淺水灣好唔好？

3　而家熱過頭，淺水灣人太多。最好我地等到五點鐘就去行街。

4　去邊處行街？

5　唔啱我地去山頂行吓？箇處好靚。

6　好啦……我地坐巴士去尖沙咀碼頭，過咗海就坐纜車上山……。

7　……眞係好睇！非常靚！你睇吓，有咁多火船，咁多船仔。

8　箇邊你睇睇飛機場？

9　我睇唔見，喺邊度呀？

10　喺箇邊，你睇到嗎？

11　我而家睇見，啱啱對面，下便啲屋好似火柴盒。

12　實在有好多二十層咁高，呢條路仔好窄。

13　够闊嘞，車唔准行。

14　呢處好靜，下便好嘈。

15　我重聽見下便啲車，不過好細聲。

16　我都聽得到，唔係幾大聲，呢揀樹啲花好靚。

17　眞係好睇，啲花重好香添。

18　而家六點幾鐘，好涼爽，你哋唔哋？

19　須然我咁老，但係我唔喺。

20　老？唔係，你好後生。

21　纜車站離呢處遠唔遠？

22　冇幾遠，重有三個字就到嘞。我地好快落山。

23　我地七點至番屋企。

第十九課

1 去廣州快車幾點開程？

2 九點半，重有好多時候，你買咗飛未？

3 未，我地坐頭等定係二等？

4 二等好。又舒服又平的⋯⋯唔該俾兩張二等票。

5 去邊處？

6 對唔住，我好蠢，我地去廣州，唔該。

7 快的上車！陣就開。喺火車站有咁多人送朋友好難上車。

8 有冇位？⋯⋯呀，呢處有兩個位，快的坐啦。

9 呢架車好乾淨，係唔係新嘅？

10 我諗唔係，不過都唔係十分舊嘅……箇條村好靚你睇吓咁多鴨。

11 水牛同埋猪都有。

12 過咗呢條河仔就係深圳……呀，停車罅，好多人落車。

13 呢條河好闊。

14 呢條係東江，呢處係石龍，火車要過橋，廣州離呢度差唔多四十英里。

15 你話你未去過廣州？

16 我細佬嘅時候去過一次，你有冇火柴？

17 有，但係有打火機，請食煙，我而家唔食。

18 起首落雨。

19 我以爲唔會好似尋日咁大。

20 都係够大，好似尋日一樣，而家停車，做咪嘢？

21 係一個好細嘅火車站。

22 唔洗幾耐我地到廣州，我睇見白雲山。

23 我地頭先經過東江，廣東重有冇大河？

24 有，喺廣州有珠江，廣州上便箇條叫做西江，係好長，又有北江。

25 西江有冇長江或黃河咁長？

26 唔係，有佢地咁長，長江同埋黃河十分長。

27 呢處廣州，到咗㗎，擰落啲行李……開門，落車。

第二十課

1　亞英，擰呢件衫去洗，洗好咗就要熨。

2　我唔得閒，我要掃地，抹傢俬先。

3　咁，你抹好啲傢俬之後就要洗衫，我今日下晝要着。

4　好啦，我一陣就做完。

5　你聽吓！有人襟鐘，我自己去……係派信佬，呢處有一封信俾你

　　……係廣州嚟嘅。

6　唗吔！我唔記得執好啲茶杯。

7　快啲，快啲啦！小心抹乾淨箇啲椅同埋呢張枱。

8　好啦，好啦。

9　我自己汁好啲床，汁好啲睡衣同埋啲鞋。

10 呢架洗衣機壞咗。

11 唔係壞咗，你唔識用，揿，係咁樣。

12 我擰呢條褲掛喺衣櫃好嗎？

13 好啦，呢啲手巾仔喺嗰櫃桶。

14 我放啲手巾仔喺呢個櫃桶，係唔係？

15 唔係，嗰個櫃桶放襪，放啲手巾仔喺下便嗰個櫃桶。

16 唉吔！好熱，我要開電風扇，好可惜我哋冇冷氣機。

17 唉吔！好多錢，而且我哋啱啱買咗一架新電爐。

18 煮餐我話用煤氣爐好過電爐。

19 唔係，快啲啦，唔好哂時候。

ENGLISH-CANTONESE VOCABULARY

(Numbers indicate Lessons)

call, to	gīu	9
can	háw-yĕe	16
Canton	Gwóng-jàu	9
Cantonese (language)	Gwóng-dòong-wā*	1
car	hāy-chè	4
ceremonious	hāak-hāy	8
certainly	dòng-yĕen	16
	yàt-dīng	9
chair	yée	20
character (written)	tsēe	5
chat, to	kìng-gái	16
cheap	pĕng	6
chicken	gài	8
children	sāi-mùn-tsái	3
	tsái-noei	9
China	Jòong-gwōk	3
Chinese (written)	Jòong-mŭn	3
chopsticks	fāai-tsée	8
cinema	hāy-yūen*	5
city	sĕng-sĕe	12
clean	gòn-tsēng	15
clever	chòong-mĭng	13
clothes	sàam	10
	yèe-fōok	10
coffee	gā-fè	13
cold	dōong	10
	lăang	10
college	shùe-yūen*	13
come, to	lăi	2
comfortable	shùe-fōok	10
company, a	gòong-sèe	14
complete	sāai	15
consider, to	gōk-dùk	10
continent	jàu	13
cooker, electric	dēen-lŏ	20

at	hái	3
August	bāat yūet	6
bank	ngǎn-hǒng	5
bath, to	chòong-lěong	15
because	yàn-wāi	7
bed	chǒng	20
before	chěen	9
begin, to	háy-sáu	19
behind	hāu-bēen	12
bell	jòong	20
below	hā-bēen	12
big	dāai	4
black	hùk	14
blue	lǎam	15
born, to be	chòot-sāi	9
both	dò	2
both . . . and	yāu . . . yāu	15
bowl	wóon	8
box	hūp	18
boy	sāi-ló-gàw	19
bridge	kǐu	19
bring, to	láw	12
	nìng	8
broken	wāai-jáw	20
brother, elder	dāai-ló	11
brother, younger	sāi-ló	11
buffalo, water	sóei-ngǎu	19
building	lǎu	12
bus	bà-sée	4
business	sàang-yēe	3
busy	m̀-dùk-hǎan	9
but	bùt-gwāw	13
	dāan-hāi	7
buy, to	mǎai	5

cooker, gas	mŏoi-hāy-lŏ	20
cool	lĕong-sóng	10
correct	mŏ chāw	12
	ngàam	15
cross, to	gwāw	7
cup	bòoi	8
daily	yāt-yāt	7
damaged	wāai-jáw	20
dangerous	ngăi-héem	13
dark	hùk	14
daughter	nŏei	9
date	hŏ	9
dear	gwāi	6
December	sūp-yēe yūet	6
deep	sùm	12
descend, to	lōk	18
die, to	sáy	11
difficult	năan	7
diligent	kŭn-līk	17
dirty	òo-tsò	15
do, to	tsŏ	3
doctor	yèe-sàang	11
dollar	mùn	4
door	mŏon	15
downstairs	lău-hā	16
drawer	gwāi-tóong	20
drink, to	yúm	8
drive, to (a car, etc.)	jà	4
driver	sèe-gày	16
dry	gòn	10
duck	āap	19
each	mŏoi	17
east	dòong	12

easy	yŏong-yēe	7
eat, to	sīk	1
eight	bāat	5
elder brother	dāai-ló	11
elder sister	ā-jè	11
electric fan	dēen-fòong-sēen	20
electric light	dēen-dàng	14
eleven	sūp-yàt	5
employ	chéng	17
England	Yìng-gwōk	1
English (spoken)	Yìng-gwōk wā*	
English (written)	Yìng-mŭn	3
enough	gāu	13
escort, to	sōong	19
Europe	Àu-jàu	16
European	Sài-yăn	7
examination	háau-sēe	13
expensive	gwāi	6
factory	gòong-chóng	17
fairly	gáy	1
familiar	sōok	17
far	yŭen	4
fast	fāai	4
father	bā-bà	11
	fōo-chùn	11
fear, to	pā	13
February	yēe yūet	6
feel, to	gōk-dùk	10
few	síu	3
finished (verb suffix)	-yŭen	20
first-class	tău-dáng	19
fish	yŭe	12
fisherman	láw-yŭe-yăn	12
five	ňg	4

flimsy	bōk	15
flower	fà	6
food	sōong	8
foreign	ngōy-gwōk	13
formerly	gāu-tsūn-sĕe	16
	yĕe-chĕen	11
four	sāy	3
fourteen	sūp-sāy	6
fragrant	hèong	8
frequently	sĕe-sĕe	8
Friday	lăi-bāai ńg	7
friend	păang-yău	2
from	lăy	4
front, in	chĕen-bĕen	12
fruit	sàang-gwáw	5
fry, to	cháau	8
funicular railway	lāam-chè	18
furniture	gà-sèe	20
gardener	fà-wŏng	16
get, to	láw	12
get up, to	háy-sùn	17
give, to	báy	6
give back, to	báy-fàan	17
go, to	hăang	4
	hōei	2
go away, to	tsáu	13
go out, to	chòot-gàai	6
good	hó	1
goodbye	tsōy-gēen	3
good morning	tsó-sŭn	1
graduate, to	bùt-yēep	13
grey	fòoi	15
great	tāai	9
guest	yăn-hāak	6

half	bōon	5
hall	dāai-wōoi-tŏng	12
	tŏng	12
handkerchief	sáu-gùn-tsái	20
hang up, to	gwā	20
have, to	yău	2
he	kŏei	1
hear, to	tèng	3
	tèng-gēen	18
help	bòng	17
here	nèe-dō	2
high	gò	12
hill	sàan	12
history	līk-sée	13
holidays	gā-kăy	17
home	òok-káy	5
homeland	tsó-gà	16
honest	jùn	10
Hong Kong	Hèong Góng	2
hope, hope to	hày-mōng	13
hospital	yèe-yūen*	13
hot	yēet	10
hotel	tsáu-dēem	4
how?	déem-yēong*	4
	gáy	1
how many?	gáy-dàw	2
I	ngăw	1
if	yŭe-gwáw	9
ill	bēng	11
immediately	tsìk-hùk	16
in	hái	3
in, to be	hái-shūe	14
India	Yān-dō	16
inform, to	góng báy . . . tèng	12

ink	mūk-sóei	6
introduce, to	gāai-sīu	17
invite, to	chéng	3
iron, to	tōng	15
is	hāi	1
island	hóy-dó	12
January	yàt yūet	6
Japan	Yāt-bóon	16
July	chàt yūet	6
June	lōok yūet	6
just (of time)	ngàam-ngàam	11
kind (sort)	yēong*	8
know, to	jèe	7
	sìk	3
know how to, to	híu	8
	sìk	3
	wŏoi	7
Kowloon	Gáu-lŏong	3
Kwangtung	Gwóng-dòong	1
lamp	dàng	14
language	wā*	1
late	chĕe	16
late (at night)	yē	15
lazy	lăan	17
lead (mineral)	yŭen	6
learn, to	hōk	1
left	tsáw-bēen	5
leisure, to have	dùk-hăan	14
lesson	fāw	1
letter	sūhn	9
library	tŏ-shùe-gwóon	13
lift, to	háy	12

lighter, a	dá-fáw-gày	19
like	hó chĕe	16
like, to	jòong-yēe	5
	ōy	6
listen, to	tèng	3
little, a	síu	3
long (of time)	nōy	2
look, to	tái	5
look after, to	dá-lăy	14
look for, to	wún	14
love, to	ōy	6
luggage	hăang-lăy	19
lunch	ān-jāu	5
majority	dàw-sō	13
make, to	tsō	3
Malay, a	Mă-làai-yăn	16
man	yăn	1
Mandarin	Gwōk-yŭe	7
manner	yēong*	8
March	sàam yūet	6
market	gàai-sĕe	16
marry, to	gēet-fùn	9
matches	fáw-chăi	18
May	ŭg yūet	6
meal	chàan	6
medicine (the study of)	yèe-hōk	13
meet, to	gēen	4
meeting	wōoi*	12
member (of a society)	wōoi-yŭen*	17
middle school	jòong-hōk	9
mile	Yìng-lăy	4
million	yàt bāak māan	16
Miss	síu-jé	11
moment	tsūn	9

Monday	lăi-bāai yàt	7
money	chěen*	4
month	yūt	6
month, next	hā-gāw yūet	11
moreover	yěe-ché	16
morning	tsìu	10
mother	mā-mà	11
	mŏ-chùn	11
mountain	sàan	12
Mr.	sèen-sàng	1
Mrs.	tāai-tāai*	3
name	měng*	9
Nanking	Năam-gìng	11
narrow	jaak	18
nation	gwōk-gà	16
near	kŭn	4
need, to	yīu	2
new	sùn	19
newspaper	bō-jée	5
nine	gáu	5
noisy	chŏ	16
noodles	mēen	8
north	bùk	12
notebook	bó	6
November	sūp-yàt yūet	6
now	yěe-gà	4
	yēen-tsōy	9
number	hō	9
obtain	dùk	16
October	sūp yūet	6
of course	dòng-yěen	16
office	sé-tsēe-lău	8
old (of persons)	lŏ	11

old (of things)	gāu	19
one	yàt	1
only	bùt-gwāw	13
	jè	4
	tsīng-hāi	15
open, to	hòy	14
opportunity	gày-wōoi	16
opposite	dōei-mēen	18
or (in questions)	dīng-hāi	15
or	wāak-jé	4
ordinary	pǐng-sěong	8
originally	bóon-lǒi	16
ought	yìng-gòy	15
pair	dōei	15
paper	jée	6
parents	fōo-mǒ	11
pass, to	gìng-gwāw	19
Peking	Bùk-gìng	10
pen	mūk-sóei-bùt	6
pencil	yǔen-bùt	6
permit, to	jún	18
person	yǎn	1
pick up, to	tsùp	20
pier	mǎ-tǎu	18
pig	jùe	19
pity, what a!	háw-sìk	20
place	wāi*	19
plate	dēep	8
play a ball game, to	dá-bàw	
please	chéng	3
	m̌-gòy	1
policeman	gìng-chāat	17
police officer	gíng-gwòon	17
population	yǎn-háu	16
pork	jùe-yōok	8

postman	pāai-sūhn-ló	20
present, to	sōong	15
press, to (e.g. a bell)	gūm	20
pretty	hó tái	18
	lēng	2
profound	sùm	12
proprietor	lŏ-báan	17
province	sáang	19
put, to	jài	20
pyjamas	sōei-yèe	20
quarter	gwùt	5
quiet	jīng	18
quite	gáy	1
railway station	fáw-chè-jāam	19
rain, to	lōk-yŭe	10
reach, to	dō	15
really	jùn	10
recover, to	hó-fàan	11
red	hŏong	6
release, to	fōng	20
remember, to	gāy	9
restaurant	tsáu-gà	5
return, to	fàan-hōei	3
rice, boiled	bāak fāan	8
rice, cooked	fāan	1
right, right side	yāu-bēen	5
river	hăw	19
road	dō	5
	lō	4
room	fŏng*	2
run, to	tsáu	13
salary	sùn-sóei	9
same, the	yàt-yĕong*	19

Saturday	lăi-bāai lōok	7
	sìng-kăy lōok	18
savouries	déem-sùm	8
say, to	wā	1
school	shùe-yūen*	13
seat	wāi*	19
second	dāi-yēe	8
second-class	yēe-dáng	19
secretary	bāy-shùe	9
see, to	tái-gēen	14
self	tsēe-gáy	16
sell, to	mǎai	5
September	gáu-yūet	6
servant	gòong-yǎn	16
seven	chàt	5
shall	wŏoi	15
shallow	chéen	12
Shanghai	Sēong-hóy	10
she	kŏei	1
ship	shŭen	4
shoes	hǎai	15
shop	pō-tǎu*	5
shop-assistant	fáw-gāy	8
shrimps	hà	8
shut, to	sàan	15
simple	chéen	12
Singapore	Sìng-gā-bàw	2
sister, elder	ā-jè	11
sister, younger	mōoi*	11
sit, to	chǎw	4
six	lōok	5
sleep, to	fūn-gāu	10
slow	mǎan	4
smoke	yèen	13
snow	lōk-sūet	10

so	gūm	4
society	wōoi*	12
socks	mūt	20
some	dèe	6
sometimes	yău sĕe	8
son	tsái	9
sorry	dōei-m̆-jūe	9
	m̆-hó yēe-sēe	9
sort (kind)	jóong	16
	yēong*	8
sound	sèng	18
	yùm	7
soup	tòng	8
south	năam	12
speak, to	góng	1
	wā	1
start, to (of vehicles)	hòy-chĭng	19
station	jāam	18
stay, to	jūe	2
steam-ship	fáw-shŭen	18
still	jōong	8
stop, to	tĭng	19
storey	chăng	12
student	hōk-sàang	1
study, to	dōok-shùe	3
stupid	chún	19
summit	sàan-déng	12
Sunday	lăi-bāai or lăi-bāai yāt	7
surname	sīng	3
sweep, to	sō	20
swim, to	yău sóei	18
table	tŏy	20
tall	gò	12
taxi	dìk-séc	4

tea	chă	8
teach, to	gāau	7
teacher	gāau-yŭen	9
	sèen-sàng	7
telephone	dēen-wā*	9
tell, to	gīu	15
ten	sūp	5
than	gwāw	7
thank you	dàw-tsē	4
	m̆-gòy	1
there	gáw-bēen	8
	gáw-dō	2
therefore	sáw-yĕe	7
thick	hău	15
think, to	gwóo	7
	núm	7
	yĕe-wăi	19
thirty	sàam-sūp	6
this	nèe-	1
three	sàam	2
Thursday	lăi-bāai sāy	7
ticket	fày	19
	pīu	19
time (occasion)	chēe	10
time, period of	sĕe-hău	15
tired	gwōoi	15
to (until)	jēe	18
today	gùm-yāt	2
together	yàt-chăi	16
tomorrow	tìng-yāt	2
tone	yùm	7
too	tāai	9
trade union	gòong-wōoi*	17
train	fáw-chè	11
tram-car	dēen-chè	12

travel by, to	chăw	4
	dāap	13
tree	shūe	18
trousers	fōo	15
Tuesday	lăi-bāai yēe	7
twelve	sūp-yēe	5
twenty	yā	9
	yēe-sūp	6
two	lĕong	2
	yēe	2
type, to	dá-tsēe	9
typewriter	dá-tsēe-gày	17
typhoon	dá fòong	10
understand, to	mĭng-bāak	9
university	dāai-hōk	7
until	dō	14
unusually	fày sĕong	18
upstairs	lău-sēong	16
use, use to	yōong	7
vegetables	chōy	8
very	hó	2
	sūp-fùn	4
village	chùen	19
wages	yăn-gòong	16
wait, to	dáng	9
waiter	fáw-gāy	8
walk, to	hăang	4
walk, to go for a	hăang gàai	18
want, to	ōy	6
	séong	5
	yīu	2
wardrobe	yèe-gwāi	20

warm	nŭen	10
washing machine	sái-yèe-gày	20
waste, to	sàai	20
wear, to	jēok	10
weather	tèen-hāy	10
weather, fine	hó tèen	10
Wednesday	lăi-bāai sàam	7
week	lăi-bāai	6
week, last	sēong-gāw lăi-bāai	11
west	sài	12
Westerner	Sài-yăn	7
wet	sùp	10
what?	mèe-yě	3
	mùt-yě	1
when?	gáy-sěe	2
when	-gē sěe-hāu	11
where?	bèen-shūe	3
white	bāak	6
who?	bèen-gāw	3
why?	déem-gáai	7
	tsō mèe-yě	15
wide	fōot	18
wife	tāai-tāai*	3
will	wŏoi	15
wind	fòong	10
window	chèong-mŏon	15
wipe, to	māat	20
wish, to	séong	5
	yīu	2
with	tŏong-măai	3
woman	nŏei	9
	nŏei-yăn	5
work, to	dá gòong	17
work	gòong-tsōk	17
work, to stop	fōng gòong	14

workman	gòong-yăn	16
write, to	sé	7
year	něen	7
year, last	gāu-něen	11
year, next	chòot-něen	11
year, this	gùm-něen	11
years (of age)	sōei	9
yesterday	chŭm-yāt	2
you (singular)	năy	1
young	hāu-sàang	18
youth, a	hāu-sàang	18

JAPANESE

C. J. DUNN and S. YANADA

This book is designed to take the student with no previous experience of Japanese to the point where he is able to hold a conversation on many non-technical subjects with confidence. Principal points of grammar and a basic vocabulary are introduced in a series of graded lessons, and there are supplementary sections on the socially essential respect language and conversational usage. Romanised spelling is used throughout.

TEACH YOURSELF BOOKS